Música: entre o audível e o visível

FUNDAÇÃO EDITORA DA UNESP

Presidente do Conselho Curador
Mário Sérgio Vasconcelos

Diretor-Presidente
Jézio Hernani Bomfim Gutierre

Editor-Executivo
Tulio Y. Kawata

Superintendente Administrativo e Financeiro
William de Souza Agostinho

Conselho Editorial Acadêmico
Áureo Busetto
Carlos Magno Castelo Branco Fortaleza
Elisabete Maniglia
Henrique Nunes de Oliveira
João Francisco Galera Monico
José Leonardo do Nascimento
Lourenço Chacon Jurado Filho
Maria de Lourdes Ortiz Gandini Baldan
Paula da Cruz Landim
Rogério Rosenfeld

Editores-Assistentes
Anderson Nobara
Jorge Pereira Filho
Leandro Rodrigues

Yara Borges Caznok

Música: entre o audível e o visível

3ª edição

editora
unesp

© 2015 Editora UNESP

Direitos de publicação reservados a:

Fundação Editora da UNESP (FEU)
Praça da Sé, 108
01001-900 – São Paulo – SP
Tel.: (0xx11) 3242-7171
Fax: (0xx11) 3242-7172
www.editoraunesp.com.br
feu@editora.unesp.br

CIP – Brasil. Catalogação na fonte
Sindicato Nacional dos Editores de Livros, RJ

C379m
3.ed.

Caznok, Yara Borges
    Música: entre o audível e o visível / Yara Borges Caznok. – 3.ed. – São Paulo: Editora Unesp, 2015.

    ISBN 978-85-373-0596-4

    1. Arte – Estudo e ensino. 2. Arte – Apreciação. 3. Música – Instrução e estudo. I. Título.

15-2337
                                                                                                   CDD: 707
                                                                                                   CDU: 7(07)

Editora afiliada:

Asociación de Editoriales Universitarias de América Latina y el Caribe

Associação Brasileira de Editoras Universitárias

Aos meus pais, Mi (in memoriam) *e Bi.*
Ao Fábio, Pedro, Dona Martha e Koellreutter, toujours.

Sumário

Prefácio
    Por uma obra de arte total   *9*

Introdução   *15*
    Como as pessoas escutam música?   *16*

1   O sonoro e o visual: Aspectos históricos e estéticos   *21*
    Os sons e as cores   *25*
    Os sons e o espaço   *51*
    Os sons e as imagens   *77*

2   A unidade dos sentidos   *103*
    Os sons e a corporeidade plástica   *105*
    As artes plásticas e a música   *108*
    Sinestesias   *113*

3   György Ligeti e o ouvido vidente   *135*
    Ouvir ligetianamente   *136*
    Contextualização histórica e estética   *142*
    Análise de obra: *Continuum* para cravo solo   *189*

Considerações finais
    A poética da unidade dos sentidos   *223*

Referências bibliográficas   *233*

Prefácio
Por uma obra de arte total

Este livro de Yara Caznok, *Música: entre o audível e o visível*, originalmente sua tese de doutorado apresentada à USP em 2001, certamente surpreenderá o leitor. A surpresa deriva da temática abordada, temática pouco explorada pelos pesquisadores da área das artes: a unidade dos sentidos encarnada na própria obra de arte. A abordagem adotada também não é usual. Distanciada da perspectiva estritamente científica, calcada nas pesquisas psicofisiológicas e neuropsicológicas que tratam a interconexão sensorial no plano do corpo objetivo, a autora busca apoio na Filosofia e na Psicologia comprometidas com a Estética e a Arte.

Nesse sentido, é a perspectiva fenomenológica que é privilegiada, sobretudo a que se presentifica na filosofia de Merleau-Ponty, na qual o corpo é espaço expressivo por excelência, transformador das intenções em realidades, meio de ser no mundo e fundamento da potência simbólica. Atualidade do fenômeno de expressão, o corpo permite a pregnância das experiências auditivas, visuais e táteis, fundando a unidade antepredicativa do mundo percebido que, por sua vez, servirá de referência à expressão verbal e à significação intelectual. Assim, pode-se falar de uma natureza enigmática do corpo que transfere para o mundo sensível o sentido imanente que nasce nele em contato com as coisas e nos faz assistir, dessa maneira, ao "milagre da expressão". Quer dizer, como uma totalidade sensível e sentiente o corpo é um ser capaz de reflexão, um estranho objeto que utiliza suas próprias partes como simbólica geral do mundo e pelo qual podemos frequentar esse mundo e encontrar-lhe uma significação. Ou seja, considerando que há na coisa uma simbólica que vincula cada qualidade sensível às outras, constituindo conjuntamente uma única coisa, o olhar, o tato e todos os outros sentidos são conjuntamente os poderes de um mesmo corpo integrados em uma única ação.

A análise profunda feita por Merleau-Ponty, especialmente na *Fenomenologia da percepção*, conclui que os sentidos se comunicam e é essa comunicação que Yara analisa no plano mesmo da obra de arte, considerando mais especificamente a dimensão visual presente na música, desde a composição até a audição, em particular na obra do compositor György Ligeti.

Ora, a concepção da obra de arte total ou plurissensorial não é uma abstração. Ela teve lugar em vários momentos da história das artes. Por exemplo, no século XVI, Arcimboldo imaginara um sistema de equivalências entre gradações do preto ao branco e intensidades sonoras. E, no século XVIII, não foram poucos os que se interessaram pelas articulações entre música e artes plásticas, antecipando certas problemáticas que se farão presentes no século XX. Entretanto, cabe lembrar que a ânsia de retorno a uma espécie de unidade primordial da criação artística, sobretudo no período romântico, levou musicistas e pintores a recusar a separação entre as artes e a se interrogar sobre a analogia entre sensações visuais e sonoras.

O soneto *Correspondances* de Baudelaire resumirá, no século XIX, essa perspectiva. Mas a partir daí, entre Delacroix, Van Gogh e Gauguin, entre Debussy, Kandinsky e Dufy, a dimensão musical da pintura vai além do que as analogias permitem supor. Cada um, com a singularidade dos seus meios expressivos, pensa numa relação com a natureza que transgride toda referência imediatamente explícita. No entanto, o que tais elaborações poéticas põem em questão é a classificação acadêmica, que divide as artes em artes espaciais ou visuais (arquitetura, escultura e pintura), artes temporais ou da audição (música, poesia e prosa) e artes do movimento (dança, teatro e cinema).

Souriau, no clássico *La correspondance des arts* (1947), interroga essa concepção linear, estática e esquemática, concepção que as manifestações contemporâneas (*body art, land art, performances* e instalações) se encarregarão de finalmente destruir. Quer dizer, serão os artistas da segunda metade do século XX, os contemporâneos, que se manifestarão com projetos que ultrapassarão as correspondências ou as afinidades sensoriais, entendidas como meras analogias ou metáforas, propondo uma interpretação mais complexa de diferentes campos de atividade. Nessa direção, não é apenas uma arte total, sintética, que é visada, mas antes a coexistência de fenômenos, eventualmente vividos como díspares, sem que se torne necessário demonstrar as implicações lógicas existentes entre eles. E pressupondo essa perspectiva, a arte contemporânea oferece exemplos demonstrativos.

Nesse sentido, cabe lembrar uma das instalações criadas especialmente para o sofisticado projeto *Musiques en scène* (1999), que pude ver exposta no Museu de Arte Contemporânea de Lyon. Trata-se do *Festival International de Jazz Imaginaire*, compreendendo cem "discos compactos" imaginários constitutivos de uma festa jazzística visual e silenciosa, apresentada por R. Gervais. Trata-se de jazz a se escutar com os olhos: cada visitante torna-se um "leitor compacto" ao ver a música que se propõe a ele, segundo duos tais como "Charles Baudelaire, voz / Stan Kenton, piano", "Odilon Redon, violão / George Wetting, bateria", "Pablo Picasso, pincéis / Coleman Hawkins, saxofone", "Sigmund Freud, voz / Charles Mingus, contrabaixo" e assim por diante até o centésimo disco, agrupados em séries distintas ("Europa / América", "Literatura / Jazz", "Passado / Futuro") que associam homens do jazz, escritores, compositores e artistas, europeus e americanos, antigos e modernos. Tais personagens são efetivamente existentes, mas as composições propostas sob a forma de duos inéditos são imaginárias. Nessa medida, cada leitura realizada pode dar margem a uma interpretação improvisada, isto é, dependente também do acaso, como se faz no jazz. E outras exposições poderiam ser comentadas, exposições contemporâneas como as que vi realizadas em Avignon, sobretudo *La beauté in fabula* (2000), que propunha articulações entre outras modalidades sensoriais como visão e olfato, visão, audição e tato, e assim por diante.

No entanto, o que vale ressaltar nesta apresentação de *Música: entre o audível e o visível* é que um problema colocado por tais mostras é o de determinar se há algo em comum, não entre as práticas artísticas ou entre os produtos acabados dessas práticas, mas entre os aspectos que os tornam possíveis. E, parafraseando Mikel Dufrenne, pode-se dizer que não sendo possível ter a experiência do sensível senão a partir da pluralidade dos sentidos, dimensão primordial que é antes pré-sentida do que explicitada conscientemente ou atualizada propositadamente numa obra, o pré-sentido não seria o não sentido, mas o que é sentido antes da diferenciação do sensível. E esse paradoxo significa o seguinte: se há no mundo diversidade e unidade de diferentes modos de existência sensível e no nível do corpo diversidade e unidade dos sentidos, é porque há um só corpo, no qual dois olhos veem, duas mãos tocam, no qual visão e tato se articulam sobre um único mundo que vem ecoar nesse mesmo corpo. Em outras palavras, há entre corpo e coisa, entre meus atos perceptivos e as configurações das coisas comunicação e reciprocidade. E isto porque corpo e coisa são tecidos de uma mesma trama: a trama expressiva do Sensível. Nessas condições, desenha-se em paralelo uma teoria da expressão corporal e uma estética, considerando-se que o ato de expressão, isto é, a instituição do sentido que encontra sua origem em nossa corporeidade será comparável à realização propriamente estética que instaura a arte. No entanto, feita a comparação, outros aspectos deverão ser considerados, pois um artista não somente cria e exprime uma ideia, mas ainda desperta as experiências que a enraizarão em outras consciências. E se a obra for bem-sucedida, terá a potência de transmitir-se por si. Quer dizer, seguindo as indicações da peça musical, do quadro ou do livro, tecendo comparações, tateando de um lado e de outro, conduzido pela confusa clareza de um estilo, o leitor, o ouvinte ou o espectador acaba por reencontrar o que se lhe quis comunicar. E, como observou Merleau-Ponty a propósito da pintura, "o pintor só pode construir uma imagem. É preciso esperar que essa imagem se anime para os outros. Então a obra de arte terá juntado essas vidas separadas, não mais existirá unicamente numa delas como sonho tenaz ou delírio persistente, ou no espaço qual tela colorida, vindo a indivisa habitar vários espíritos, presumivelmente, em todo espírito possível, como uma aquisição para sempre".

E essa reflexão vale para todas as artes, pois é a temática da intersubjetividade que se apresenta nas obras e problematiza um pouco mais a discussão, temática perceptível na análise que a autora faz das composições consideradas no livro, através da figura do espectador, ou do "ouvido vidente", que diretamente introduz a questão da recepção. Ora, por toda essa complexidade, o livro de Yara justifica a sua leitura. Ele abre aos leitores sensíveis um campo de pensamento e pede a eles um prazeroso trabalho de reflexão.

João A. Frayze-Pereira

Introdução

O debate da união da audição com a visão hoje é um fato corriqueiro e está presente na produção artística de diferentes maneiras. Há obras que exigem do espectador uma totalidade perceptiva nunca antes ousada, tais como as *performances*, as instalações e os eventos multimídia que requerem, além da visão e da audição, a participação do tato, do olfato e, por vezes, do paladar.

A esse tipo de arte não está reservado nenhum lugar no rol das classificações tradicionais e, assim como suas obras, seus criadores são genericamente nomeados como artistas multimídia, performáticos ou holísticos, entre outros.

Embora bastante distanciadas em termos de manufatura e de proposição estética, muitas dessas obras têm em comum o fato, já assentado, de que a interpenetração de domínios perceptivos – seja por atração entre a materialidade específica de cada linguagem, seja por um uso propositadamente indiferenciado dessas materialidades – seria um dos fatores fundantes de sua expressão.

Se, por parte dos criadores, essa postura já é assumida e, de certa maneira, resolvida, o mesmo não acontece com intérpretes e público. Paralisados pelo estranhamento que se lhes apresenta como invencível, refugiam-se na antiga e confortável separação das linguagens artísticas. Costumam adentrar uma instalação somando os sentidos, como se dissessem "este aspecto pertence à visão, este outro à audição", usufruindo a proposta de uma forma defensiva e distante. Via de regra, desqualificam a obra por esta se lhes apresentar como "despedaçada" e sem unidade, deixando escapar a oportunidade de se "instalarem" perceptivamente em uma obra de forma global e indivisível.

Nessa atitude encontra-se uma das razões do afastamento entre público e produções contemporâneas. Diferentemente de uma ópera ou um balé, nos quais o espectador já sabe de antemão que será requisitado em suas capacidades auditivas e visuais, certas obras multissensoriais contemporâneas não separam nem preveem quais seriam as áreas perceptivas envolvidas em sua apreensão. Partem deste princípio: quanto mais fusionados e indiferenciados estejam os sentidos, tanto maior será sua fruição.

Embora se focalize, aqui, apenas a interpenetração de dois sentidos – a audição e a visão –, espera-se contribuir tanto para uma aproximação entre público e obras contemporâneas, quanto para uma ampliação, especialmente entre os músicos, da experiência do que pode vir a ser uma audição multissensorial.

Como as pessoas escutam música?

Há muito tempo, situações de escuta relatadas por alunos e amigos, profissionais ou não da área de música, têm despertado o interesse da autora, expresso pela questão: como as pessoas escutam música?

Em trabalho anterior,[1] investigou-se a relação do ouvinte com algumas obras de um repertório considerado estranho e desagradá-

---

1 *A audição da Música Nova*: uma investigação histórica e fenomenológica. Programa de Estudos Pós-Graduados em Psicologia da Educação. PUC-SP, 1992.

vel pela maioria do público que frequenta o repertório de música erudita: a chamada "música nova", isto é, aquela que abandonou certos procedimentos tradicionais, tais como harmonia tonal, ritmo métrico e periódico, padrões formais regulares, estabilidade na direção temporal e nos fechamentos de frases, períodos e movimentos, entre outros.

Por meio de entrevistas e relatos de escuta, procurou-se acompanhar os caminhos pelos quais a audição de cada sujeito se realizava, e chamou a atenção a presença de aspectos que poderiam ser qualificados como "visuais", no momento da escuta. Trechos selecionados dessas entrevistas contrapõem os relatos de um artista plástico aos de dois músicos.

> é sempre essa coisa, às vezes pontuando essa ordenação que não era quadrado mas era pontiagudo como um triângulo, às vezes circular e meio esférico, isso às vezes se achatando como uma bola de beisebol...
>
> tem duas marcas de tempo dadas pela percussão e uma coisa que tenderia a demonstrar que isso vai um pouco se constituindo como um cheio – não é mais uma linha, ela vai tendendo a formar um repolho, uma coisa assim...
>
> em alguns momentos há essa organização que pode se configurar mais redonda, mais pra baixo, mais pra fora, mais pra dentro...
> esse repolho é espacial, esse movimento helicoidal é espacial, quer dizer, ela [a música] é espacial.
> ela envolve climas de expansão, de retração, que envolvem uma relação de espaço.
>
> (artista plástico)

> aí foi um espaço bem menos definido... Um espaço maior e mais preenchido também, o tempo inteiro... Mas tudo isso é coberto, é como se fosse colorido por dentro, com várias cores, você não percebe muito o contorno. Você está envolvido dentro dessa roda aí.
>
> (músico 1)

os contrastes, os sons mais fortes ou mais raspados estavam muito mais ilustrando minha sensação do que alterando, era muito mais elemento de imagem do que mudança da sensação – eu estava mais dentro, quando eu consegui entrar dentro da música, eu fiquei mais dentro desse plano etéreo, escuro, sei lá, não dá pra explicar direito... a sensação basicamente ficou mantida. As mudanças que aconteciam, musicalmente, só contribuíam para alterar essas imagens, é como se eu estivesse mais olhando para o que eu estava ouvindo, apesar de estando dentro, do que não estar olhando e reagir o tempo todo ao que eu estava ouvindo... sabe, uma sensação de que estou dentro mas estou visualizando, estou vendo um pouco, estou envolvido, mas com uma sensação estável.

(músico 2)

Nesses fragmentos pôde-se constatar a presença de formas geométricas, espaços vazios ou cheios, linhas, cores, direções e localizações no espaço, e de um olhar atuante, embora sem objeto definido. Há que se levar em conta que o relato mais rico em visualizações foi o do artista plástico, resultado, provavelmente, de um "vício profissional" e que não obrigatoriamente invalida o aproveitamento de sua maneira de ouvir como dado pertinente a estas reflexões.

Ampliando essas observações para outras situações tais como os "grupos de escuta" (reuniões de amigos ou alunos dispostos a ampliar o conhecimento do repertório musical) e mesmo a sala de aula, reparou-se que a participação da visão num domínio tido como eminentemente auditivo é uma ocorrência muito comum e que independe de gênero, estilo ou período histórico. Não só a música vocal – pela sugestão imagética trazida pelo texto – propiciaria o comparecimento da visão na audição, mas também a música instrumental teria laços com conteúdos visuais.

Pensando inicialmente no ouvinte, imaginaram-se razões para justificar o aparecimento de tais procedimentos. Algumas suspeitas se apresentaram:

- A ocorrência de imagens, figurativas ou não, poderia ser um hábito instalado por nossa cultura contemporânea que,

por meio de videoclipes (para citar apenas o exemplo mais comum de associação visão/audição) nos faz ouvir vendo?
- É um recurso do qual o ouvinte lançaria mão para percorrer um discurso que não tem "materialidade ou concretude"?
- Seria esse recurso uma espécie de "muleta" que afastaria o ouvinte de uma experiência "puramente" musical com a obra?
- Existe uma audição "puramente" musical?
- O que se entende por audição musical? A percepção apenas e exclusivamente do mundo sonoro? Ou ela pode abarcar elementos de outras áreas sensoriais sem que eles sejam considerados, pejorativamente, "interferências"?
- Poderia ser um recurso mnemônico no qual as diferentes temporalidades, auditiva e visual, se remetem e se evocam?
- Seriam esses recursos testemunhos da necessidade que a linguagem musical tem de se expressar por metáforas visuais e gestuais?

Se a resposta à maioria dessas questões fosse afirmativa, apresentar-se-ia uma situação perceptiva na qual, por deficiência, incapacidade ou inabilidade de escuta, o ouvinte recorreria ao auxílio da visão.

Mas, além de não acreditar nesse "desvio" da escuta, há o fato de encontrar-se na história da música ocidental diversas correntes estéticas que assumiram a participação da visão em suas poéticas. O madrigalismo renascentista, a música descritiva do período barroco, a música programática do século XIX e as tendências contemporâneas, tais como as instalações e as *performances*, são exemplos cabais dessa situação. Pelo volume e qualidade das obras desse repertório não é possível aceitar que esses compositores procurassem apenas "efeitos" visuais externos ou meramente ilustrativos. Análises mostram, por vezes, uma escritura musical tão comprometida com a visualização de certos gestos ou imagens que leva a pensar que, para esses compositores, muitas ideias musicais eram ao mesmo tempo ideias visuais, apontando para a hipótese de uma criação sonoro-visual originariamente fundida.

A crença nessa possibilidade definiu os caminhos tomados aqui, basicamente assentados sobre alguns aspectos sensíveis envolvidos na criação e na recepção de uma obra. No capítulo 1, verificou-se, por meio de investigação histórico-bibliográfica e de análise de repertório, a hipótese de que a audição esteve sempre estreitamente ligada à visão, ou seja, o *ouvir*, na tradição da música ocidental, articula-se ao ver há muito tempo.

No capítulo 2, também por meio de pesquisa bibliográfica e análise de textos do início do século XX, levantaram-se as relações da produção pictórica não figurativa (abstrata) com a linguagem musical, focalizando com especial atenção a presença de parâmetros até então considerados como pertencentes apenas ao domínio musical em obras de importantes pintores. Considerações sobre as sinestesias e contribuições da psicologia e da fenomenologia de Merleau-Ponty a respeito da vivência multissensorial foram trazidas para as discussões.

Por fim, no capítulo 3, buscou-se verificar como o compositor contemporâneo György Ligeti (1923-2006) constrói, em uma obra instrumental, relações multissensoriais que propiciam o aparecimento de um "ouvido vidente".

Com base nessas investigações e análises almejou-se mostrar que as fronteiras que distanciam e atribuem funções delimitadas aos sentidos da audição e da visão, ou seja, as clássicas definição e divisão das artes em dois grupos – artes do tempo: música, poesia e dança; artes do espaço: arquitetura, escultura e pintura – são, no fundo, fruto de um pensamento teórico, técnico e analítico alheio à criação e à vivência artísticas.

1
O sonoro e o visual:
Aspectos históricos e estéticos

Estudar as relações entre a visão e a audição implica, inicialmente, trazer para a discussão insolúveis questões ligadas à constituição, significado e natureza da linguagem musical. Entre os inúmeros debates sobre a semanticidade da música, que vêm desde a Grécia antiga e que até hoje provocam discussões, encontram-se algumas perguntas sempre presentes: o discurso musical é autossuficiente ou pode se referir a algo que não seja somente sonoro? Sua construção e recepção são fundadas exclusivamente em elementos sonoros "puros" ou estes podem apontar para algo além deles? Onde se encontra seu significado: em universo composto unicamente por sons ou em contexto que inclui elementos extramusicais?

Historicamente, pode-se identificar, *grosso modo*, duas correntes estético-filosóficas opostas, mas não excludentes, que polemizaram esse tema: a chamada estética referencialista e a vertente absolutista. A primeira acredita que a música tenha seu significado assentado sobre a possibilidade de o mundo sonoro remeter o ouvinte a um outro conteúdo que não o musical: ele se torna meio para atingir algo que está além dele. Expressar, descrever, simbolizar ou imitar essas referências extramusicais – relações cosmológicas ou numerológicas, fenômenos da natureza, conteúdos narrativos e afetivos, entre outras possibilidades – seriam a razão de ser de um discurso musical. Até a primeira metade do século XVIII, essa concepção não se apresentava como problema – era quase uma forma de visão de mundo – e, portanto, não havia necessidade de pressupostos teóricos para defendê-la. Estes encontram-se explícitos em obras e poéticas[1] de diferentes estilos e compositores.

A corrente absolutista, ligada prioritariamente à música instrumental, concebe a música como linguagem autônoma em relação a quaisquer outros conteúdos, considerando-a autossuficiente na construção e no estabelecimento de relações puramente sonoras, intramusicais. Imitações, descrições e referências a outros conteúdos que não o sonoro são consideradas interferências a uma suposta "audição verdadeira" e diminuem o valor de uma obra.

De acordo com Meyer (1956), entre os adeptos da corrente absolutista há uma distinção a ser feita entre os formalistas e os "expressionistas". Os primeiros apreendem o significado musical de uma forma mais intelectual, racional e categorizante, enquanto os segundos estabelecem com o discurso musical um relacionamento mais emocional e afetivo. Essa forma de vivência artística é também denominada "estética do sentimento".

Mas essa divisão entre as posturas formalista e expressionista não impede que esta última se restrinja à música absoluta. Adeptos da estética do sentimento transitam entre o absolutismo e o

---

[1] Entende-se por poética "um determinado gosto convertido em programa de arte, onde por gosto se entende toda a espiritualidade de uma época ou de uma pessoa tornada expectativa de arte". A noção de poética em Pareyson pode ser resumida no âmbito de um programa de arte particular e histórico, "eficaz somente se adere à espiritualidade do artista e traduz seu gosto em termos normativos e operativos, o que explica como uma poética está ligada ao seu tempo, pois nele se realiza aquela aderência e, por isso, se opera aquela 'eficácia' (Pareyson, 1989, p.26).

referencialismo: ao ouvir um *poema sinfônico* pode-se ter uma postura referencialista e, logo em seguida, ao escutar um dos *Estudos* de Chopin pode-se vivenciá-lo como uma obra absolutista, por exemplo. A postura absolutista formalista talvez seja a que menos permita essa maleabilidade de abordagens.

Para os defensores desse pensamento, tanto a presença de elementos não musicais ou as alusões a eles, como a fruição prioritariamente emocional de uma obra devem ser rejeitadas em prol da afirmação do valor da linguagem musical em si: uma obra musical tem sua sustentação e legitimidade garantidas pela estrutura que concatena e agencia motivos e temas, e cujos desenvolvimentos obedecem a imperativos de ordem estritamente formal. Sua compreensão e fruição dependem da capacidade do ouvinte de discernir, memorizar, acompanhar e imaginar o desenrolar dos elementos musicais, e sintetizá-los em sua unidade formal. O representante maior desse pensamento foi Eduard Hanslick (1825-1904), que, em seu pequeno e polêmico livro intitulado *Do belo musical* (1854), deflagrou uma verdadeira batalha contra os referencialistas e os expressionistas. Sem utilizar essas denominações, Hanslick ataca, sobretudo, a teoria dos afetos[2] e a música descritiva do século XVIII, e a música programática e o drama musical wagneriano do século XIX.

Essas poéticas, tão diferentes em seus objetivos e formas de apresentação, têm um aspecto comum: a demanda da participação de outros sentidos que não o auditivo no momento da fruição musical, especialmente aquele da visão, real ou imaginária.

Sem dúvida, em um repertório vocal a visão cumpre um papel quase tão significativo quanto o da audição. A simples presença de

---

2 Também chamada de doutrina das paixões, a teoria dos afetos é um procedimento estético-musical tipicamente barroco. Baseados em Descartes, compositores e teóricos acreditavam que as emoções eram passíveis de controle e de conhecimento, e que a música deveria, por meio do estudo dos efeitos emocionais que certos elementos musicais produzem no ouvinte (tonalidades, motivos rítmico-melódicos, andamentos, entre muitos outros), suscitar, excitar e representar esses afetos e emoções.

um texto pode servir como estímulo à imaginação visual e essa questão já era evidente desde os madrigais do Renascimento. Com o desenvolvimento do melodrama e da ópera, nos séculos XVII e XVIII, as intrincadas relações possíveis entre texto e música não só contam com a participação da visão no momento da realização musical, como proporcionam um ambiente de estímulos – cenário, figurino, iluminação – ideal para que o olho se instale de forma atuante e complementar.

No campo da música instrumental, tanto a corrente descritiva quanto a teoria dos afetos pressupõem – por meio de referências explícitas a sons da natureza ou a movimentações físicas, espirituais e emocionais – a visualização de paisagens, de cenas ou de sinais que denunciem estados afetivos, tais como lágrimas, sobressaltos, reencontros, arroubos, decadência física ou moral, solidão e júbilo, entre outros.

No século XIX, a vertente da música programática traz para o debate novos elementos, tais como a descrição de visões internas, imagens oníricas e alucinações produzidas por uma subjetividade ilimitada, e é nesse momento que aparece, teoricamente fundamentada, a postura formalista.

Na maioria das vezes, para os pensadores formalistas – históricos e contemporâneos – as possíveis relações entre o ouvido e qualquer outro sentido estão fora de questão. Associações, cruzamentos intersensoriais e sinestesias são vistos como distúrbios, alterações de um estado supostamente ideal, em que tanto o compositor quanto o ouvinte conseguem, anestesiando os outros sentidos, transformar seu corpo em um grande receptor sonoro.

Contemporaneamente, inúmeras ramificações dessas questões têm resultado em posturas teóricas e estéticas quase individualizadas, abrindo *ad infinitum* as possibilidades de investigação a respeito do tema. Estudos multidisciplinares apareceram, trazendo para o campo das discussões musicológicas diversas áreas do conhecimento – Psicologia, Psicanálise, Semiótica, Física, Matemática, Sociologia e Antropologia, entre outras. Mas, a despeito dessa multiplicidade de "saberes" que tenta auxiliar e incrementar o debate a respeito do que seja a música e a audição musical, compositores, intérpretes e ouvintes parecem não aderir rigidamente a uma ou outra postura. Stravinsky (1882-1971), por exemplo, em seus escritos, afirma que a música não significa nada além dela, mas, ao mesmo tempo, compõe uma obra – *Canticum sacrum* – cuja estrutura formal representa a planta arquitetônica da Catedral de São Marcos, em Veneza.

Na verdade, com o advento de novas poéticas artísticas, em especial aquelas criadas para tematizar, envolver e atingir a multissensorialidade do espectador, criadores e teóricos deixaram de lado a antiga querela e se ocupam, agora, em investigar a maneira como se dão as relações intersensoriais, quais são as formas de relacionamento espectador/obra e quais são suas fundamentações teóricas.

No âmbito musical, a associação dos timbres dos instrumentos às cores, por exemplo, não desperta mais nenhuma polêmica. Mas, além do timbre, há outros elementos constituintes da linguagem musical (notas, intervalos, modos, escalas e texturas, entre outros) que, pelo menos teoricamente, foram relacionados à luz e ao espectro das cores, ao espaço, às imagens e aos volumes.

Para uma melhor compreensão das possíveis relações que se estabelecem entre a audição e a visão, há que separar os seguintes aspectos:

1 Os sons e as cores;

2 Os sons e o espaço;

3 Os sons e as imagens.

Os sons e as cores

Investigações teóricas no campo musical

Entre todas as formas de relacionamento audiovisual, a correspondência entre os sons e as cores é a mais antiga e comum, e geralmente refere-se aos timbres ou às alturas (frequências). Muitos termos integrantes do vocabulário cotidiano dos músicos explicitam a relação entre sons e cores: tom, tonalidade, cromatismo, *color*,[3] *coloratura*,[4] entre outros.

Em relação aos timbres, os adjetivos "brilhante" e "escuro", por exemplo, "soam" em nosso ouvido interno e ajudam a qualificar com maior precisão os atributos timbrísticos de um trompete e de um violoncelo, respectivamente.

Referendados pela palavra alemã *klangfarbe*, que quer dizer timbre e cuja tradução em inglês resulta no termo *tone-colour*, muitos livros em português tentam facilitar a compreensão e sintetizar a explicação do que vem a ser o parâmetro timbre dizendo simplesmente que "ele é a cor do som".

Embora não se trate de uma correspondência timbre/cor exata, essa maneira de ouvir e de considerar os timbres como cores encontra-se presente em inúmeros dos mais importantes tratados de orquestração, que se referem genericamente à habilidade de se "colorir" um obra por meio de uma competente instrumentação. Hector Berlioz (1803-1869), em seu *Grand traité d'instrumentation* (1834), descreve a arte da instrumentação como a arte de colorir melodias, harmonias e ritmos. O teórico e editor inglês Ebenezer Prout (1835-1937), em seu livro *Instrumentation*, dedica um capítulo às relações timbre/cor denominado "The analogy of orchestration and painting". Charles-Marie Widor, organista e compositor francês (1844-1937), em *Technique de l'orchestration moderne*, de 1904, escreve que naquela década a *paleta* orquestral havia sido enriquecida

---

3 O termo *color* designa o procedimento de variação de alturas de uma melodia por meio de repetições, alterações cromáticas ou ornamentações, encontrado nos motetos isorrítmicos dos séculos XIV e XV.

4 Do italiano "coloração" ou "colorido", esse termo referia-se à prática de diminuir o valor de uma nota longa, branca, colorindo-a. As diminuições dos valores temporais das notas resultam em passagens preenchidas por ornamentos e movimentos rápidos e difíceis, sobretudo na música vocal. Daí a designação *soprano coloratura* para a voz feminina ágil, leve, própria para o repertório virtuosístico.

com uma variedade de cores timbrísticas antes desconhecidas. O regente inglês Henry Wood (1869-1944) escreve um artigo para o *Dictionary of Modern Music and Musicians*, publicado em 1924, cujo título deixa explícita a relação timbre instrumental/cor: "Orchestral colours and values".

Leonid Sabaneff (1881-1968), compositor e musicólogo russo que dedicou grande parte de seus estudos à vida e à obra de Scriabin, considerava que os compositores mais bem-sucedidos em obras orquestrais – Berlioz, Wagner e Debussy (segundo seu julgamento) – seriam aqueles cuja capacidade de ouvir os timbres de forma colorida era preponderante e altamente desenvolvida.

A poética expressionista, em especial a da Segunda Escola de Viena, teve um relacionamento muito estreito com o timbre, a ponto de torná-lo um dos parâmetros cruciais para a fruição desse repertório. Arnold Schoenberg (1874-1951), o mentor do pensamento dodecafônico, advogou um espaço maior para o timbre que, segundo ele, vinha sendo considerado pela música ocidental como um subproduto das alturas. O conceito de melodia de timbres (*Klangfarbenmelodie*), já anunciado em seu livro *Harmonia*, de 1911, provocou uma espécie de reversão na hierarquia dos parâmetros musicais, tornando, até hoje, o timbre uma das mais importantes (se não a mais) formas de pensamento composicional contemporâneo. Uma de suas obras-chave para a compreensão dessa "nova" sensibilidade timbrística é o *opus 16*, *Cinco peças para orquestra*, de 1909. O terceiro movimento – *Farben* (Cores) – consiste em uma gradual mudança de timbres que acontece sobre um acorde central que se move lentamente por graus conjuntos. Dois grupos instrumentais revezam suas sonoridades: nos primeiros acordes de cada compasso, somam-se os timbres de duas flautas, clarinete, fagote, viola e contrabaixo. Compondo a sonoridade do segundo grupo, estão corne inglês, fagote, trompa, trompete e contrabaixo (Exemplo 1). A sensação de fluxo sonoro, de mobilidade e de transformação são o resultado das modificações timbrísticas e não mais das alturas (notas), das harmonias e do ritmo.

■ 2.Fl., Cl., Fg., Va., Cb.
☐ C.Ing., Fg., Tr., Trp., Cb.

EXEMPLO 1 – Schoenberg, *Cinco peças para orquestra*, Opus 16, III (*Farben*), compassos iniciais, 1998.

Outro "clássico" exemplo de melodia de timbres é a orquestração da *Fuga* (*Ricercata*) no 2, da *Oferenda musical* de J. S. Bach, feita por Anton Webern (1883-1945). Desta vez, o ouvido é levado a se concentrar em uma linha melódica já conhecida, que tem sua instrumentação "estilhaçada" em diversos timbres que se alternam, "colorindo" com muita delicadeza um espaço que, antes de ser ouvido como melódico e harmônico, se enuncia como timbrístico (Exemplo 2).

EXEMPLO 2 – Webern, *Fuga* (*Ricercata*) no 2 da *Oferenda musical* de J. S. Bach, compassos iniciais, 1963.

Mesmo após a emancipação do timbre, a ideia de tratá-lo como cor continua presente até hoje. O compositor francês Edgar Varèse (1883-1965) escreve que

No que se refere aos timbres, minha atitude é precisamente inversa à atitude sinfônica. A orquestra sinfônica costuma oferecer a maior mistura possível de cores. Eu me esforço para que o ouvinte apreenda a mais extrema diferenciação de colorações e de densidades. Eu me sirvo da cor para distinguir planos, volumes e zonas de sons, e não para produzir uma série de episódios contrastantes como se fossem imagens de um caleidoscópio. (1983, p.99)

Do ponto de vista da relação cor/altura (frequência), as tentativas de correspondência ou associação datam de muitos séculos. No Renascimento, Leonardo da Vinci e Arcimboldo foram atraídos por essa ideia e este último chegou a estabelecer um quadro de graduações de cores correspondentes às notas, no qual os sons mais graves são equivalentes às cores mais brilhantes. O teórico e compositor italiano Gafurius (1451-1522), amigo de Da Vinci, descreve a relação entre os modos gregos e os corpos celestes, incluindo cores em suas correspondências.

É interessante notar que, do ponto de vista "científico", é somente a partir do século XVII que se "oficializam" as pesquisas que têm como alvo a relação entre os sons e as cores. Até então, a visão pitagórica e platônica do mundo musical predominava e as pesquisas experimentais se davam quase exclusivamente no domínio da acústica musical.[5]

Não é por acaso que são encontrados nesse século três pensadores jesuítas que investigaram e elaboraram "teorias" a respeito das relações dos sons e das cores. Herdeiros de uma tradição musical plena de simbolismos e, ao mesmo tempo, responsáveis pelo desenvolvimento científico de seu tempo, Mersenne, Kircher e Castel fundem, por assim dizer, duas visões de mundo, fazendo a passagem do pensamento medieval para o moderno. Aproveitam as descobertas científicas em relação à luz e relacionam-nas aos sons, ora de forma objetiva, ora de forma simbólica.

---

5 As relações entre as alturas e a constituição dos intervalos, por exemplo, foram investigadas cientificamente, mas não perderam seu poder de representar as proporções cósmicas e divinas, estabelecidas por Pitágoras.

Embora diferentes em vários aspectos, o dado que une o pensamento dos três jesuítas é o estabelecimento da relação das cores com as alturas (frequências) das notas musicais.

Contrariamente a Arcimboldo, em Mersenne e Castel está presente a analogia entre a cor preta e os registros mais graves, a cor branca e os registros mais agudos, e é interessante notar que a qualidade "escura" ou "clara" das tessituras permanecerá na história da música como um dado quase inquestionável. Os períodos barroco, clássico e romântico valeram-se da ideia de que as tonalidades e passagens com muitos bemóis tornam o discurso solene, sombrio e escuro, e as tonalidades ou passagens com muitos sustenidos têm um espírito alegre, brilhante e luminoso.

O padre Marin Mersenne (1588-1648) nasceu na França e foi um dos principais pensadores do século XVII. Matemático, filósofo, teórico musical e sábio, teve um papel decisivo na transição das ideias do Renascimento para o período barroco, especialmente no que concerne à música.

Estudou no colégio jesuíta de La Flèche,[6] e depois, em Paris, completou seus estudos no Collège Royal e na Sorbonne. Em 1611 entrou para a Ordem dos *Minims*, sendo nomeado, mais tarde, diácono e padre. Sua moradia em Paris tornou-se lugar de reuniões de intelectuais e sua imensa correspondência testemunha uma intensa troca de ideias com pensadores contemporâneos: Descartes, Hobbes, Constantijn Huygens, Galileu e Fermat, entre outros.

Acreditava fortemente na Razão Humana, na universalidade do conhecimento, no desenvolvimento científico baseado metodologicamente no experimento e nos princípios da mecânica. Sua obra mais importante, *Harmonie universelle*, de 1637, traz estudos sobre os princípios básicos do comportamento do som, relacionando Matemática, Física e Acústica, e descreve cuidadosamente os métodos de transmissão sonora e de constituição de instrumentos (Organologia). Suas investigações nesse campo contribuíram significativamente para o estabelecimento da teoria da afinação temperada.

---

6 Descartes também foi aluno, a partir de 1604, dessa mesma instituição.

Ao lado desse perfil cientificista, Mersenne também se interessou por questões da prática musical: analisou diferentes estilos de interpretação e de ornamentação, propôs uma espécie de pedagogia musical para iniciar as crianças, revisou antigos tratados teóricos sobre modos, metros gregos, retórica e oratória. Quase tudo, enfim, que se referisse ao fenômeno sonoro e à prática musical foi estudado por ele.

Mesmo não elaborando um sistema fechado de correspondência entre sons e cores, Mersenne atribui às notas mais grave (*proslambanômeno*) e mais aguda (*nete*), respectivamente, as cores preta e branca, símbolos da Terra e da Lua. A nota intermediária (*mese*), por representar a união do Céu e da Terra, tem componentes de amarelo e azul, assim como uma planta, verde, é elemento intermediário entre esses dois extremos. Os outros sons teriam todas as graduações do espectro das cores, o que o faz advertir os compositores de que "aquilo que é belo na sequência de sons tenha igual beleza na sequência e na ligação das cores" (apud Cotte, 1990, p.28).

Ao fazer essa relação, Mersenne concorda com um ramo da tradição esotérica que atribui à classificação musical das quatro vozes principais um simbolismo bastante intrincado: cores, metais, temperamentos, elementos sublunares, pontos cardeais e tarô relacionam-se e se correspondem da seguinte forma:[7]

Quadro 1 – Correspondência entre vozes, cores e elementos, na relação de Mersenne (apud Cotte, 1990, p.55)

Tessitura das vozes	Cores	Elementos
Dessus (soprano)	Ouro ou vermelho	Fogo
Haute-contre (contralto)	Azul	Ar
Taille (tenor)	Branco	Água
Baixo	Preto	Terra

---

7 Estão presentes aqui apenas as relações entre vozes, cores e elementos sublunares, pois eles sintetizam, de certa forma, as analogias encontradas na maioria dos repertórios renascentista, barroco e romântico.

Uma breve análise dessas correspondências revela o seguinte:

- a adoção do atributo "materialidade" dos elementos como critério da sua relação com a tessitura das vozes: do Baixo ao Soprano, apresenta-se uma linha ascendente que parte da Terra – elemento mais evidente em sua materialidade – e chega até o Fogo;
- decorrente da materialidade dos elementos, a relação tessitura/peso/cor/localização espacial/gravidade se instaura: os sons graves são pesados, com uma certa materialidade, escuros e se instalam nos planos baixos. Os sons agudos, ao contrário, são leves, diáfanos, claros e se localizam nos planos altos;
- a graduação das cores está relacionada ao atributo "luminosidade", crescente do preto ao vermelho e de acordo com o chamado "sombrio" das vozes graves e "brilho" das vozes agudas.

Ao mesmo tempo em que faz essas considerações carregadas de simbolismo, Mersenne pesquisa, com base em fundamentos científicos, as relações entre luz e som. Diz que não há nada mais semelhante à luz (que contém todas as cores) do que o som agudo, porque este contém todos os demais em suas divisões (sons parciais ou harmônicos). Propõe, ainda, comparar os três gêneros da música grega com cores: o verde, o amarelo e o vermelho correspondem, respectivamente, aos gêneros diatônico, cromático e enarmônico.

O segundo jesuíta mencionado, Athanasius Kircher (1601-1680), nasceu na Alemanha e passou grande parte da vida na Itália, onde faleceu. Estudou em uma escola jesuíta na cidade de Fulda (Alemanha), adquirindo sólidas bases nos campos humanístico e científico. Ordenou-se padre em 1628 e foi professor de Grego, Línguas Orientais, Matemática e Filosofia. Foi um dos primeiros a investigar e divulgar seriamente a civilização egípcia e a decifração de seus hieróglifos.

Sua grande obra, *Musurgia Universalis sive ars magna consoni et disoni* [Musurgia Universal ou arte magna dos sons consonantes e dissonantes], de 1650, tornou-se um dos tratados mais influentes do período barroco. Escrito em uma linha do pensamento alemão conservador, a música é aí considerada, como a Matemática, uma das partes do *Quadrivium* – ela é símbolo da ordem divina expressa por números, o cosmo é revelado pelas proporções musicais e a harmonia musical é o espelho da harmonia de Deus. *Musurgia* traz para o século XVII ideias pitagóricas a respeito dos valores terapêuticos da música. Sem conflitos com essa visão medieval do mundo musical, Kircher apresenta em seu livro resultados de suas análises empíricas a respeito das práticas composicionais alemã e italiana dos séculos XVI e XVII, de métricas e poética e musical, retórica e história da música de culturas antigas e de seus estudos científicos sobre acústica e organologia.

Sua curiosidade acerca de culturas antigas, ciências naturais e música fez Kircher coletar inúmeros objetos, instrumentos e antiguidades que se transformaram no *Museum Kircherianum*, em Roma. Local de peregrinação de músicos e turistas, o *Museum* deixou de existir no século XIX, quando seu acervo foi disperso em vários museus.

Kircher estabeleceu relações entre intervalos musicais (ainda não temperados igualmente) e cores, organizadas no Quadro 2.

De certa forma, ao evocar a cor do Sol (amarelo-ouro) para o intervalo de 5ª e a cor de Marte (rosa) para o intervalo de 4ª, Kircher mantém presente o espírito da "Harmonia das Esferas".[8]

Finalmente, dos três jesuítas mencionados, Louis-Bertrand Castel (1688-1757) talvez seja o menos influenciado pelo neopitagorismo e neoplatonismo.

---

8 Harmonia das Esferas: doutrina pitagórica que acreditava na relação proporcional entre as órbitas dos sete planetas e as sete notas da escala musical. Cada planeta, girando em torno da Terra imóvel, produziria um determinado som. A escala musical seria o resultado da posição de cada planeta de acordo com sua proximidade ou afastamento em relação à Terra: quanto mais afastados, mais rápidos seriam seus movimentos e, consequentemente, mais agudos seriam seus sons. Essa crença atraiu inúmeros pensadores e filósofos (Platão, entre outros) até o final do Renascimento. Kepler, em seu livro *Harmonia do mundo* (1619), apresenta a relação entre as órbitas elípticas dos planetas, suas velocidades e as notas da escala musical.

Quadro 2 – Relação entre intervalo musical e cor estabelecida por Kircher (apud Cotte, 1990, p. 27)

Intervalo	Cor	Intervalo	Cor
Uníssono	Branco	4ª aumentada	Castanho
2ª menor	Branco	5ª	Ouro
2ª maior estreita	Cinza	6ª menor	Púrpura
2ª maior larga	Preto	6ª maior	Vermelho vivo
3ª menor	Amarelo	7ª menor	Violeta azulado
3ª maior	Vermelho claro	7ª maior	Púrpura
4ª	Rosa	8ª	Verde

Matemático, físico, jornalista e teórico francês, entrou para a ordem dos jesuítas em 1703, ocupando-se, inicialmente, com estudos humanísticos. Mais tarde, tornou-se professor de Física, Matemática, Mecânica, Arquitetura e Ciências Militares na Escola Jesuíta em Paris. Escreveu artigos variados para os jornais *Mercure de France* e *Journal de Trévoux*. Seu pensamento concentrou-se em três grandes linhas: teoria da gravidade; popularização da ciência e da matemática; e correspondência entre sons e cores.

Suas pesquisas sobre a correspondência entre sons e cores provocaram grande polêmica entre seus contemporâneos, tanto no meio científico quanto no musical. Telemann se interessou vivamente por suas investigações a esse respeito, enquanto Rousseau as rejeitou. A explicação de suas ideias encontra-se em seus artigos publicados no *Mercure de France*: "Clavecin pour les yeux, avec l'art de peindre les sons et toutes sortes de pièces de musique" (nov. 1725), "Démonstration géométrique du clavecin pour les yeux et pour les sens" (fev. 1726) e "Difficultez sur le clavecin oculaire, avec leurs réponses" (mar. 1726).

Castel baseou suas ideias nas obras de Descartes e, sobretudo, nas pesquisas de Newton expostas em *Optiks* (1704). Este havia observado a similaridade existente entre as sete partes do espectro das cores e dos sons. Para o cientista, a base da correspondência estava assentada sobre o modo dórico: *ré*: vermelho; *mi*: laranja; *fá*, amarelo; *sol*: verde; *lá*: azul; *si*: índigo; *dó*: violeta. Dispostas em um círculo com um eixo que permitia girá-lo em uma velocidade suficiente para produzir a cor branca, esse artifício ficou conhecido como o disco de Newton.[9]

Castel argumentava firmemente que a luz, tal como o som, seria um produto de vibrações e que, assim, a cor e o som musical seriam análogos por natureza. A cor e o som seriam as principais manifestações da luz e do som, respectivamente. Durante trinta anos pesquisou e concebeu a construção de um teclado que relacionasse cor e som – o teclado ocular. Diferentes modelos foram construídos, alguns com tiras de papel colorido, outros com lâminas de vidro. Este último consistia em um cravo maior do que o normal, sobre o qual havia um quadro com sessenta pequenas janelas de vidro colorido cobertas por cortinas. Um sistema de fios unia cada tecla a uma cortina, de forma que, ao acionar uma determinada tecla, uma cortina se abria, mostrando a cor correspondente. Outra versão, feita em 1754, utilizava mais de quinhentas velas com espelhos refletores que almejavam ampliar a visibilidade das cores para um público maior. Infelizmente, não se tem notícia da conservação de nenhum protótipo.

A ideia norteadora da construção de seu teclado ocular foi o relacionamento do espectro das cores não com o modo dórico, como fez Newton, mas com os sons da série harmônica, sinalizando uma adesão às pesquisas acústicas mais científicas e modernas a respeito

---

9 O paralelo entre a luz branca, que contém e mistura as outras cores, e o som fundamental, que contém e mistura os sons harmônicos ou parciais, encontra, musicalmente, um belíssimo exemplo na *Paixão segundo São João* (BWV 245) de J. S. Bach. Na ária para tenor *Erwäge, wie sein blutgefärbter Rucken*, o compositor descreve a imagem das costas de Cristo, comparando os vergões produzidos pelo chicoteamento a um arco-íris. No momento em que o solista pronuncia a palavra *Regenbogen* (arco-íris), as violas *d'amore* I e II fazem soar os sons harmônicos 3 (a 5ª) e 7 (a 7ª) contidos no som fundamental do acorde de *mi* ♭.

das novas formas de afinação. Imaginou, assim, uma escala cromática temperada igualmente de doze notas, que correspondesse a uma gama de doze matizes de cores específicas (ver correspondências no Quadro 3).

De acordo com Roger Cotte (1990), Castel teria, também, a pretensão de proporcionar aos cegos uma ideia ou sensação de cores por meio dos sons, incitando Voltaire a comentar ironicamente que os surdos de Paris poderiam, assim, frequentar seus concertos...

Quadro 3 – Correspondência entre escala cromática e gama de cores de Castel (apud Cotte, 1990, p.30-1)

Nota	Cor	Nota	Cor
Dó	Azul	Fá #	Laranja
Dó #	Verde-mar	Sol	Vermelho
Ré	Verde	Sol #	Carmesim
Ré #	Oliva	Lá	Violeta
Mi	Amarelo	Lá #	Ágata
Fá	"Aurora" (laranja claro)	Si	*Violant* (azul com matiz avermelhado)

Retira-se dessa gama de cores a correspondência entre os três sons do acorde de *dó* maior – considerado por Castel a base de toda a música e, sem dúvida, a representação da Trindade – e as três cores primárias: *dó*: azul, *mi*: amarelo, *sol*: vermelho. À medida que a mesma sequência de notas fosse se deslocando para a região aguda, as cores tornar-se-iam mais claras, até a sua extinção, chegando à cor branca. O procedimento inverso, em direção ao grave, chegaria à cor preta. Comparando-a com a relação estabelecida por Newton, percebe-se que não há nenhuma concordância.

Embora as propostas de correspondências dos três jesuítas entre sons e cores não seja coincidente termo a termo, algumas constantes aparecem nas ideias de Mersenne e Castel:

- o aproveitamento das ideias de Newton a respeito da refração das cores, estabelecendo o seguinte paralelo: espectro luminoso = série harmônica (sons parciais);
- a relação entre sons graves e cores escuras, e entre sons agudos e cores claras.

Depois da morte de Castel, a ideia de construir um teclado colorido foi abandonada, ressurgindo mais tarde, na segunda metade do século XIX e começo do século XX quando, além das possibilidades tecnológicas trazidas pelo uso da eletricidade, a ideia das sinestesias estava sendo cultivada como ideal perceptivo a ser atingido. É impressionante observar o número de tentativas de construir um teclado colorido a partir da década de 1890, envolvendo músicos, artistas plásticos, cineastas, poetas e cientistas.

A. Wallace Rimington (1854-1918), professor de Belas-Artes no Queen's College em Londres, construiu, em 1895, um órgão silencioso que apenas difundia cores, acompanhando uma orquestra ou um piano. Em 1911, Rimington publicou um livro – *Colour Music: The Art of Mobile Colour* – no qual se afastou da ideia cientificista de relacionar as vibrações do som e da luz (Scholes, 1998). Ele dizia que a correspondência entre ambos está mais no âmbito psicológico do que no físico-acústico, mas, no entanto, continuou propondo uma correspondência de doze sons para doze cores. Imaginou, também, uma correspondência entre timbres e cores. O trompete wagneriano teria, para ele, uma sonoridade alaranjada. O órgão de cores de Rimington (Figura 1) serviu de base para que Scriabin realizasse sua *tastiera per luce*.

Em 1922, o cantor de origem holandesa que viveu nos Estados Unidos, Thomas Wilfrid (1889-1968), apresentou em Nova York seu *Clavilux* (Figura 2). Esse aparelho, que, em sua versão portátil, se parece mais com uma televisão do que com um instrumento musical, não tem como objetivo transpor ou fazer corresponder sons e cores. A ideia de Wilfrid era desenvolver um conceito de arte da cor que se assemelhasse à música no tocante aos fatores temporais e rítmicos, continuamente mutáveis em suas combinações. O Clavilux projeta em uma grande tela figuras e formas coloridas que se movem ritmicamente, as quais Wilfrid nomeia de *Lumia*. Seus títulos aproximam-se de peças musicais: op. 42, *Sketch*; op. 39, *Triangular étude*; op. 3, *A Fairy Tale of the Orient*, por exemplo. Em 1926, o Clavilux foi usado em apresentações musicais com a Philadelphia Orchestra, sob regência de Leopold Stokowski, acompanhando, em especial, a obra *Sheherazade*, de Rimsky-Korsakov. O acervo do Museu de Arte Moderna de Nova York mantém exposto permanentemente um Clavilux.

FIGURA 1 – Rimington e seu teclado colorido (apud Scholes, 1998, p.208).

FIGURA 2 – T. Wilfrid e o Clavilux.

Música: entre o audível e o visível

FIGURA 3 – T. Wilfrid em *performance* (Scholes, 1998, p.208).

Bainbridge Bishop (EUA), em 1877, combinou um instrumento de projeção de cores com um órgão de câmara, de forma que a cor e o som fossem sincronicamente difundidos.

Alexander Burnett Hector demonstrou, em 1912, na Austrália, seu órgão de cores construído sobre a ideia das correspondências vibratórias.

A pianista americana Mary Hallock Greenwalt inventou um aparelho denominado *Sarabet*, que, por meio de um reostato, modificava a intensidade da luz em seus concertos para tornar o ambiente mais sensitivo. Acusada de apropriação de tecnologia e patente por outros construtores de órgãos coloridos, entre os quais Wilfrid, teve sua causa perdida porque o juiz julgou que uma mulher não poderia ter inventado algo tão sofisticado.

O húngaro Alexander László inventou um piano colorido que projetava cores em uma tela e apresentou-o em 1925, com composições próprias, no Festival Alemão de Música e Artes em Kiel. László criou também uma espécie de notação colorida que é impressa sobre as pautas, e publicou um livro chamado *Die Farblichtmusik* [*Música de cores e luz*].

Carol-Bérard, compositor francês e aluno de Albéniz, introduziu o termo *Cromophonie* para designar uma nova arte cuja inspiração lhe fora dada pelo pintor e cientista Valère Bernard. Ele inventou um globo colorido multifacetado que, ao girar, difundia cores diferentes. A correspondência cores/sons não se aplicava a cada nota, mas a encadeamentos de acordes e climas importantes da obra. Frederick Bentham, em 1934, fez experimentos com um *console de luz*, realizando concertos em Londres e Lisboa. Sua ideia foi propiciar, por meio da cor, uma apreensão da forma musical, complementando a audição. Em 1951, Bentham supervisionou a instalação de um console de cores no Royal Festival Hall de Londres para ser usado em espetáculos de balé, que até hoje lá permanece.

Adrian Bernard Klein publicou, em 1926, um livro denominado *Colour Music: The Art of Light*, cujas ideias entusiáticas culminaram na construção de um projetor de cores (Figuras 5 e 6) acoplado a um órgão de cores, em 1932.

FIGURA 4 – Console de luz de F. Bentham (apud Scholes, 1998, p.208).

FIGURAS 5 e 6 – Projetores de cor de Klein (apud Scholes, 1998, p.208).

Os sons e as cores no repertório musical e na poética dos compositores

As experiências e investigações teóricas citadas, mesmo que não adotadas explicitamente por compositores, causaram, com certeza, reverberações na imaginação dos criadores e dos ouvintes e apareceram em inúmeras obras. Alguns exemplos mostram a grande diversidade e as possibilidades de união das cores com os sons.

François Couperin (1688-1733), considerado o maior compositor francês para cravo do período barroco, atingiu, com suas *ordres* (suítes), um dos pontos altos da música genuinamente francesa, de acordo com os padrões classicistas vigentes. Compôs vinte e sete *ordres* e seus títulos merecem ser examinados, pois, além de muito sofisticados, perspicazes e com sabor preciosista, fazem inúmeras alusões às correspondências multissensoriais.

Realça-se, aqui, a *Ordre* XIII, para cravo solo, cuja sequência de peças apresenta uma chacona seguida de variações intitulada *Folies françoises, ou les Domínos*. Couperin utiliza, para os títulos dessas variações, o termo "dominó", referindo-se às cores dos figurinos usados nos bailes das cortes francesas e no carnaval. Assim, tem-se:

A *virgindade*, sob o dominó de cor *invisível*;
O *pudor*, sob o dominó *cor-de-rosa*;
O *ardor*, sob o dominó *encarnado*;
A *esperança*, sob o dominó *verde*;
A *fidelidade*, sob o dominó *azul*;
A *perseverança*, sob o dominó *cinza cor de linho*;
O *langor*, sob o dominó *violeta*;
O *coquetismo*, sob *diferentes* dominós;
Os *velhos galantes* e as *tesoureiras caducas*, sob dominós *púrpura* e *folhas mortas*;
Os *cucos* benévolos, sob dominós *amarelos*;
O *ciúme* taciturno, sob o dominó *cinza cor de mouro*;
O *frenesi* ou o desespero, sob o dominó *preto*.

(Couperin,1969)

Retira-se, dessa sequência de cores e de "comportamentos" humanos, a "tradicional" graduação que vai do branco ao preto, relacionados a uma escala de sentimentos que partem dos mais "puros", inocentes e brandos e vão se tornando mais intensos e picantes. Pode-se supor, também, que haja uma espécie de "cronologia" de sentimentos que acompanham o nascimento, a maturidade e a morte (infelicidade) do amor.

André-Ernest-Modeste Grétry (1741-1813), compositor belga cujas obras corroboraram os ideais de Rousseau a respeito da "simplicidade" da ópera, confirma o que Mersenne e Castel haviam dito sobre os sons graves e agudos:

> os sons graves ou bemolizados causam aos seus ouvidos o mesmo efeito que as cores escuras causam aos seus olhos; os sons agudos ou sustenizados, ao contrário, causam um efeito semelhante ao das cores vivas e trinchantes. Entre estes dois extremos, encontram-se todas as cores que, em música, são o mesmo que em pintura... (apud Cotte, 1990, p.31)

Rimsky-Korsakov (1844-1908), um dos grandes representantes da tradição orquestral russa, dizia que as tonalidades lhe sugeriam as seguintes cores:

Quadro 4 – Relação entre tonalidades e cores de Korsakov (apud Scholes, 1998, p.204)

Tonalidades	Cores	Tonalidades	Cores
Dó maior	Vermelho	Fá # maior	Verde acinzentado
Sol maior	Marrom dourado brilhante	Ré ♭ maior	Sombrio, quente
Ré maior	Amarelo ensolarado	Lá ♭ maior	Violeta acinzentado
Lá maior	Rosa claro	Mi ♭ maior	Escuro, cinza azulado
Mi maior	Azul safira cintilante	Si ♭ maior	–
Si maior	Azul escuro com matizes de aço	Fá maior	Verde

Mas entre todos os compositores que almejaram ou, pelo menos, sugeriram em suas obras a possibilidade de uma escuta colorida, considera-se Alexander Scriabin (1872-1915) o mais incisivo. Suas obras tiveram importância capital para o desenvolvimento de algumas características da música do século XX, especialmente a "nova" harmonia e a consequente vivência da ambiguidade da direcionalidade tonal.

Marcado pelo pensamento metafísico e místico, muito difundido e aceito naquela época, sobretudo na Rússia, Scriabin inicia em 1902 suas investigações a respeito das relações entre música e metafísica, encontrando, em 1905, o pensamento teosófico de Madame Blavatsky e, logo em seguida, a antroposofia de Rudolf Steiner. Seu estilo torna-se personalíssimo e suas buscas concentram-se na ideia de que a música seria um dos fatores principais para a necessária e iminente regeneração da humanidade. Tal regeneração viria por meio de um cataclisma, tendo ele saudado o início da Primeira Guerra Mundial como o primeiro passo para um renascimento cósmico. Um novo nirvana poderia surgir de sua criatividade "prometeica", fundindo todas as artes e apelando para uma vivência sensorial total.

Suas obras receberam títulos, tais como, *Le divin poème*, op. 43, *Le poème de l'extase*, op. 54, *Prométhée, le poème du feu*, op. 60 e *Vers la flamme*, op. 72. Seu interesse sobre as sinestesias, especialmente sobre a relação cor/som, nasceu das discussões com o compositor Rimsky-Korsakov, em 1907, e desenvolveu-se em uma linha intuitiva e subjetiva, nada "científica", pois ele próprio era sinestésico. Embora suas escalas de correspondência tonalidade/cor fossem bem diferentes, para ambos os compositores o fotismo[10] era uma realidade natural e, em suas conversas, chegaram à conclusão que a *Música do fogo mágico*, parte final do drama musical *A Walquíria*, de Richard Wagner, estava escrita na tonalidade errada: em vez de *mi*

---

10 O fotismo é uma forma de sinestesia na qual uma sensação visual, envolvendo cores e/ou luz, é provocada por qualquer um dos outros sentidos.

maior, deveria ser sol maior, cuja cor correspondente é rosa alaranjado ou vermelho-violeta. Além disso, Scriabin não admitia que uma obra musical, uma vez escrita em uma determinada tonalidade, pudesse ser transposta para outras tonalidades.

É interessante reparar que essa crítica a Wagner aponta para uma relação tonalidade/cor muito particular. Da mesma maneira como, no Barroco, cada tonalidade significava um afeto e um *ethos* instransferível, para Scriabin e Korsakov cada tonalidade teria uma coloração única, impossível de ser transportada sem perdas. A mudança de tonalidade acarretaria uma mudança de cor e esta seria uma espécie de parâmetro da tonalidade.

Das obras de Scriabin, a mais demonstrativa de seus anseios sinestésicos é *Prometeu, o poema do fogo*, para grande orquestra, piano com órgão, coros e teclado luminoso (*tastiera per luce*), de 1908-1910. A capa da partitura (Figura 7), tanto da versão completa quanto da redução para dois pianos, foi encomendada ao artista plástico belga Jean Delville, companheiro de Scriabin na sociedade teosófica Filhos da Chama da Sabedoria. Seu desenho traz símbolos de várias religiões, tais como uma flor de lótus da qual nasce uma lira, uma Estrela de Davi e o antigo símbolo de Lúcifer (de acordo com a Teosofia), no qual brilha o rosto de Prometeu.

A partitura reserva a pauta superior para o teclado luminoso (Exemplo 3) e a escrita foi pensada em duas partes (vozes): a inferior corresponde a mudanças de coloração/matiz que ocorrem de tempos em tempos, simbolizando a respiração do cosmo, enquanto a superior indica a coloração correspondente ao centro harmônico de cada trecho.

O protótipo desse teclado colorido contou com a participação do professor de engenharia elétrica Alexander Mozer, e deveria funcionar por meio de impulsos elétricos: cada tecla pressionada projetaria no espaço a cor correspondente. Estreado em 1911 sem as cores, *Prometeu* só seria executado de forma completa em 1915, após a morte de Scriabin.

FIGURA 7 – Capa da partitura de *Prometeu, poema do fogo* (Scriabin, 1995).

    Diferentemente de Castel, Scriabin imaginou uma correspondência entre os sons e as cores sem pretensões científicas, partindo do ciclo das quintas, demonstrada no Quadro 5.
    O famoso acorde sobre o qual Scriabin baseou inúmeras obras, uma espécie de *Ur* acorde, chamado "acorde místico" ou "acorde Prometeu" (Exemplo 4), tem a seguinte sequência de cores: *dó*, vermelho vivo; *fá #*, azul brilhante violeta; *si ♭*, rosa ou aço; *mi*, azul-claro; *lá*, verde; *ré*, amarelo.

EXEMPLO 3 – Trecho da partitura de *Prometeu: o poema do fogo*, na qual se veem a pauta reservada ao teclado luminoso e as indicações *de plus en plus lumineux et flamboyant* e *flot lumineux* (Scriabin, 1995).

Quadro 5 – Correspondência entre sons e cores de Scriabin

Nota/tonalidade	Cor	Nota/tonalidade	Cor
Dó	Vermelho vivo	Fá # – Sol ♭	Azul brilhante violeta
Sol	Laranja	Ré ♭ – Dó #	Violeta ou púrpura
Ré	Amarelo	Lá ♭ – Sol #	Violeta ou lilás
Lá	Verde	Mi ♭ – Ré #	Aço brilhante
Mi	Azul-claro	Si ♭ – Lá #	Rosa ou aço
Si	Azul	Fá	Vermelho escuro

amarelo
verde
azul claro
rosa ou aço
azul brilhante violeta
vermelho vivo

EXEMPLO 4 – Acorde místico.

Além dessa disposição de cores destinada ao teclado, Scriabin pretendeu dar também às vozes do coro uma sonoridade colorida, relacionando vogais e alturas. As vogais /a/, /e/ e /o/ correspondem às cores violeta, violeta aço e branco perolado (às vezes, vermelho). No coral final, a cor predominante deve ser o azul perolado, a cor do luar.

No século XX, alguns compositores trouxeram para suas obras a ideia do uso das cores. Também particulares e em nenhum momento coincidentes, as relações entre cores e sons aparecem ora de forma episódica, mas não por isso sem importância, ora de forma estrutural. Schoenberg, por exemplo, imaginou o uso de projeção de cores em seu drama com música *Die gluckliche Hand* [*A mão afortunada*], em 1913. Messiaen, por sua vez, fez das cores um dos parâmetros de sua linguagem musical.

Olivier Messiaen (1908-1992) pode ser considerado um caso especial entre os compositores do século XX que cultivaram a correspondência som/cor, pois ele era sinestésico. Sua capacidade de ouvir/ver cores foi muitas vezes explicitada em entrevistas.

> [Um dos maiores dramas de minha vida] consiste em explicar para as pessoas que eu vejo cores quando ouço música e elas não veem nada, nada mesmo. É terrível. E elas não acreditam em mim. Quando ouço música – e isto sempre foi assim desde que eu era criança – eu vejo cores. A expressão dos acordes se dá para mim em termos de cores – por exemplo, um laranja amarelado com um toque avermelhado. Estou convencido de que se pode transmitir isso para o público ouvinte. (apud Bernard, 1995, p.203)

Essa última afirmação – a crença na capacidade de propiciar aos não sinestésicos uma forma de vivência de audição colorida – levou Messiaen a estruturar, em sua poética musical, o uso das cores de uma forma quase tão objetiva como fez com os conteúdos harmônicos, rítmicos, contrapontísticos, formais e timbrísticos. Em suas obras, a cor é um elemento fundamental e é importante realçar que sua forma de audição colorida não incidia sobre sons isolados ou tonalidades, mas sobre complexos sonoros e acordes derivados de seu sistema modal. O timbre influenciava muito pouco sua percepção interna de cores.

No intuito de aproximar o ouvinte da dimensão das cores, Messiaen escreveu nos prefácios de suas composições ou nas próprias partituras indicações de cores específicas, de forma que ficasse evidente, para o intérprete e para o ouvinte, a relação cor/estrutura harmônica. Essas indicações, muitas vezes, vêm escritas de uma maneira poética, ambientando e precisando a tonalidade da cor: céu azul e verde dourado da montanha; o grande lago azul, por exemplo, são encontradas em *La fauvette des jardins*. A regularidade e a precisão de suas indicações levaram os analistas a estabelecer um quadro de correspondências entre as cores e a base de seu pensamento harmônico: os modos de transposição limitada.[11] Cada modo e cada transposição teriam, assim, uma coloração especial, de forma que, ao se interpretar ou analisar uma peça, seria possível circunscrever "visualmente" as cores indicadas pelo compositor.

Bernard (1995, p.207) apresenta uma extensa tabela de correspondências entre cores e obras, da qual se transcrevem apenas alguns exemplos (Quadro 6).

---

11 Como seu nome diz, trata-se de um modo (gama) que só pode ser transposto algumas vezes sem que se repita. A escala de tons inteiros, por exemplo, só pode ser transposta duas vezes: 1) *dó-ré-mi-fá#-sol#-lá#*; 2) *dó#-ré#-fá-sol-lá-si*. Se se começa um semitom acima dessa transposição – *ré-mi-fá#-sol#-lá#-dó* –, repete-se sua primeira forma. Embora Debussy, Ravel, Liszt, Stravinsky e outros compositores já utilizassem esses modos, o nome foi dado por Messiaen, que, a partir da década de 1930, sistematizou-os e fez deles um eixo de seu idioma harmônico.

Quadro 6 – Exemplos das correspondências sons/cores em Messiaen

Modo	Transposição	Composição/Movimento	Cores
2	1	*Préludes*, V	Violeta púrpura
3	2	*Canyons*, IV	Cinza e dourado
4	5	*Catalogue d'oiseaux*, VII	Violeta, violeta escuro
6	4	*Vingt regards sur l'Enfant Jésus*, V	Amarelo sulfúrico transparente com reflexos de malva e pequenas manchas de azul da prússia e de marrom; azul arroxeado

Essa multiplicidade e mistura de cores deve-se a três fatores. O primeiro afirma que, normalmente, a música de Messiaen apresenta diferentes camadas simultâneas de texturas e de regiões timbrísticas, e cada uma delas, muitas vezes, está estruturada sobre um modo específico, apresentando assim uma superposição de cores. O segundo refere-se ao uso de notas "emprestadas" de outros modos, tornando o modo principal "impuro", misturado em suas sonoridades e cores. O último fator diz respeito à possibilidade de haver uma rápida alternância de modos e de transposições na linearidade de uma mesma camada, o que pode provocar uma "cascata" de cores que se sucedem e se amalgamam.

A partir da década de 1960, Messiaen tornou-se cada vez mais sensível às cores e ampliou as correspondências para além dos modos. A disposição e o espaçamento das notas de um acorde e também sua densidade tornaram-se critérios importantes para que o analista/intérprete/ouvinte possa se aproximar das cores vivenciadas por ele.

Um compositor que também merece ser considerado é o brasileiro Jorge Antunes (1942), que publicou um pequeno livro intitulado *A correspondência entre os sons e as cores* (1982). Antunes estabeleceu uma relação entre os fenômenos vibratórios acústicos e as radiações das cores com base em cálculos matemáticos e físicos, e nesse livro apresenta uma tabela de *correspondências cromofônicas*. Levanta, também, a hipótese de que os nervos sensitivos óptico e auditivo, por sua proximidade de localização, excitar-se-iam mutuamente, provocando a sensação do cruzamento intersensorial. Algumas de suas composições utilizaram, desde 1966, "uma técnica pouco sistematizada de composição que chamamos *técnica cromofônica de composição*, e que é a base da música a que chamamos *Música Cromofônica*" (p.47). Citam-se as seguintes obras: *Cromoplastofonias* I, II, III e IV (1966, 1966, 1968, 1978); *Missa Populorum Progressio* (1967); *Três eventos da luz branca* (1967); *Cromorfonética* (1969); *Scriabina* MCMLXXII (1972); *Idiosynchronie* (1972); *Catástrofe ultravioleta* (1974) e *Elegia violeta para monsenhor Romero* (1980).

Os sons e o espaço

O espaço bidimensional e a escrita musical

A solução encontrada pelo homem ocidental para grafar os sons está visceralmente ligada à ideia de espaço no que se refere à escrita das frequências. A própria terminologia adotada para descrever sons graves (baixos) ou agudos (altos), resumida no uso do termo "altura" como sinônimo de frequência, é testemunha dessa analogia. Assim, os termos "ascendência" e "descendência" dos sons são, para o ouvido de um músico, "naturais" e inequívocos.

Como as primeiras tentativas de grafia musical na Idade Média estiveram restritas à música vocal, pois era o único repertório aceito oficialmente pela Igreja cristã, as denominações das vozes humanas, também, seguiram esse princípio: cada tessitura vocal tem seu âmbito definido pelo espaço que ocupa numa escala de localizações espaciais imaginárias, que vão desde um plano espacial mais baixo até o mais alto.

Assim, do registro agudo ao registro grave já havia, no século XVI, a seguinte definição das vozes:

- Soprano: *sopra, supra, dessus*, sobre o Alto, acima, a mais aguda das vozes;
- Contralto ou Alto: *haute contre*, tenores agudos ou contralto masculino;
- Bas *dessus*: acima do Baixo, vozes graves das mulheres;
- Tenor: *taille*, o que sustenta;
- Baixo: a mais grave das vozes.

A classificação das vozes mantém, hoje, o mesmo princípio, com ligeiras modificações nos termos: Soprano, *Mezzo*-soprano, Contralto, Tenor, Barítono e Baixo.

As pesquisas musicológicas que tentam compreender – não justificar – tal analogia levam em conta alguns procedimentos usados nas primeiras notações, tais como a regência quironômica e a influência dos sinais de acentuação latina na notação neumática.

Notação neumática

Neuma, do grego, gesto.

Sinais gráficos que representam, essencialmente, a direção e o movimento de alturas de uma linha melódica. Tradicionalmente associados à música vocal, particularmente ao cantochão ocidental das igrejas Bizantina e Ortodoxa, esses sinais funcionavam, sobretudo, como auxiliares mnemônicos.

Os primeiros manuscritos que contêm notação neumática apareceram durante o século IX, apresentando a grafia de cantos que não faziam parte de um repertório amplamente conhecido e que, portanto, precisavam de algum recurso para sua decifração e memorização. Os sinais neumáticos eram escritos sobre o texto a ser entoado, chamados neumas *in campo aperto* (Figuras 8 e 9), por não possuírem nenhuma linha concretamente desenhada. Percebe-se, mesmo assim, que certos neumas já se inscreviam no papel de uma forma espacializada, ocupando posições relacionadas a um eixo horizontal central.

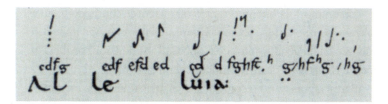

FIGURA 8 – Notação *in campo aperto* (apud Michels, 1985, p.186).

FIGURA 9 – Notação *in campo aperto* (apud Gagnepain, 1996, p.19).

No século X já há importantes manuscritos contendo quadros descritivos que apresentam os diferentes neumas. Os mais célebres são os da abadia suíça de Saint-Gall, os de Laon, os da Catedral de Chartres e os de Montpellier, entre outros.

Pouco a pouco, no século XI, a adoção de uma linha imaginária começou por sistematizar a organização dos neumas em níveis diferentes de altura, e a preocupação com uma notação que se aproximasse cada vez mais da precisão dos intervalos, a escrita diastemática, acabou por tornar real e visível essa linha imaginária. Traçada à ponta seca e reservada inicialmente ao uso exclusivo do copista, foi logo colorida, e, com acréscimo de mais duas ou três linhas, estavam criadas a pauta e as claves, e fixada a relação sonoro-espacial das frequências.

Guido D'Arezzo, no século XI, ao ampliar o pressuposto de que uma linha melódica poderia ser representada graficamente no papel, percebeu que o paralelo entre imagem e música era "óbvio". Descreveu o efeito de espelho de uma figura apresentada inicialmente na região aguda (alto) e logo depois na região grave (baixo) como "quando vemos nossa imagem refletida na água". Estabeleceu o uso de quatro linhas, sendo duas principais. Estas, coloridas (Figura 10), são os marcadores espaciais fixados em duas notas: as linhas *Fá*, vermelha (linha inferior) e *Dó*, amarela (linha superior), evoluíram para se tornar, mais tarde, as claves. A partir do desenvolvimento das linhas, a escrita das alturas estava, de certa forma, solucionada.

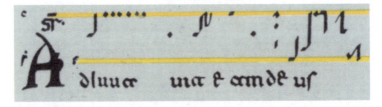

FIGURA 10 – Neumas sobre as linhas coloridas de Guido (apud Michels, 1985, p.186).

Entre as muitas hipóteses sobre a origem da escrita neumática, duas têm maior aceitação. A primeira explica que seria a reprodução, no plano bidimensional do papel, dos movimentos espaciais encontrados na regência quironômica, e a segunda credita às acentuações da língua latina a diferenciação entre os planos agudo e grave.

Regência quironômica

Quironomia, do grego cheir, mão.

A regência quironômica, ou a descrição espacial das alturas por meio dos gestos, é uma antiga forma de regência na qual o maestro indica as curvas melódicas e os ornamentos por meio de sinais que formam ondulações, desenhos ascendentes ou descendentes, linhas e pontos no espaço.

O ensino de melodias por meio de sinais visuais realizados pelas mãos tornou-se um importante recurso mnemônico em culturas que não possuíam um sistema de notação musical tais como na Índia, no Egito antigo, no Japão, na China e em Israel. Em algumas tradições essa prática ainda se mantém viva.

No Ocidente, a regência do canto gregoriano foi e continua sendo quironômica em razão de suas características musicais. As mãos do regente servem de guia para os cantores, fazendo que, visualmente, eles percebam as sutilezas dos movimentos melódicos e expressivos da obra. Os aspectos temporais de um cantochão aparecem subordinados ao texto entoado, cabendo ao regente transmiti-los por meio de gestos que prolongam ou encurtam certas sílabas (notas ou grupo de notas), retêm ou aceleram determinadas frases e enfatizam a disposição métrica de cada palavra.

É interessante reparar que a "mão guidoniana" (Figura 11), recurso utilizado para que cantores se recordassem das notas na sequência escalar e também em suas relações intervalares, reúne a quironomia e a escrita na pauta.

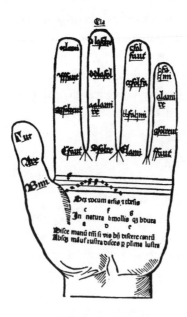

FIGURA 11 – Mão guidoniana (apud Grout, 1992, p.92).

Os sinais de acentuação da gramática latina e a escrita neumática

Esta segunda hipótese, a mais aceita por musicólogos e historiadores, diz que a escrita neumática viria dos sinais de acentuação da gramática latina, baseando-se em dois acentos principais: o agudo e o grave, cujos nomes se referem a regiões de alturas. Os dois neumas fundamentais (de uma só nota) são o *punctum* (acento grave, nota mais grave) e a *virga* (acento agudo) (Figura 12), nota mais aguda em relação à nota precedente ou sucessiva.

Destes dois neumas simples derivam os compostos por dois, três ou mais sons. Por exemplo, o neuma *podatus*, ou *pes*, combina o *punctum* e a *virga* e descreve um movimento grave-agudo; do antigo acento circunflexo é derivado o neuma *clivis* ou *flexa*, com um movimento agudo-grave. A relação dos neumas compostos é imensa e, de acordo com diferentes manuscritos, os sinais gráficos apresentam variações.

FIGURA 12 – *Punctum* e *virga*.

Além dos movimentos ascendentes e descendentes, a influência da prosódia latina pode ser verificada em outros elementos expressivos: os sinais de abreviação representam sons repetidos de forma leve, sem apoio (*stropha* e *trigon*); os de contração foram atribuídos aos sons unidos aos seus vizinhos (*oriscus*); e o ponto de interrogação serviu para reproduzir uma ligeira ascendência vocal, característica de frases interrogativas (*quilisma*).

Grafia dos aspectos temporais

Diferentemente do parâmetro altura, que adotou um sistema baseado na analogia espaço-visual que se mantém até hoje, a escrita das durações solucionou suas questões por meio de um código não representacional, a mensuração.

Em razão de seus viscerais laços com o texto, o repertório gregoriano considerava o ritmo musical resultante do ritmo das palavras. A métrica, que se baseava em sílabas longas e breves para compor os pés métricos (a menor unidade rítmica), desenvolveu-se em direção aos modos rítmicos (padrões rítmicos criados a partir da combinação de pés métricos), sistematizados no século XIII e aperfeiçoados pela *Ars Nova*, no século XIV.

Durante os três séculos seguintes, a mensuração do tempo foi se definindo rumo a uma precisão cada vez maior em razão das exigências de um repertório que se tornava cada vez mais complexo. Ao lado da polifonia, a música instrumental desenvolveu-se com grande força provocando, especialmente, a implantação de um princípio de medição temporal que superasse as imprecisões da métrica da prosódia. Enquanto o discurso musical esteve estreitamente ligado ao texto, cada região ou país desenvolveu uma forma particular de estruturá-lo ritmicamente, o que causava dificuldades interpretativas. A partir do momento em que a música deixou de ser exclusivamente "verbo" para se tornar "o discurso dos sons", a necessidade de uma unificação das diferentes convenções gráficas se impôs.

Assim, o princípio de medição temporal baseado em proporções matemáticas, vinculadas a um simbolismo numérico bastante atuante, ganhou força e superou[12] os impasses. Nos séculos XVI e XVII, a barra de compasso começou a ser cada vez mais usada no repertório instrumental, e, nos séculos subsequentes, o sistema foi se aperfeiçoando até ganhar a estabilidade de um *corpus* teórico razoavelmente acabado e definido.

A grafia tradicional

Depois de encontrar a solução para grafar os dois parâmetros considerados principais – a altura e a duração – a civilização ocidental cuidou do desenvolvimento de mecanismos e recursos que complementassem a almejada infalibilidade e universalidade do sistema. As pautas de cinco linhas, que já nos séculos XIII e XIV eram bastante utilizadas, firmaram-se como padrão, assim como as claves de *sol, fá* e *dó*. A criação do diapasão, no século XVII, trouxe uma medida físico-acústica das frequências com o objetivo de atingir a precisão das afinações que a escrita não comportava.[13]

As fórmulas de compasso estabilizaram-se e as "irregularidades" métrico-rítmicas foram resolvidas de forma que a coerência

---

12 A superação de uma prática não implica seu abandono ou sua negação. A métrica prosódica continua a ter uma importante presença no repertório instrumental dos séculos XVIII e XIX, como provam Mozart, Beethoven, Schubert e Brahms.

13 Apesar do objetivo, a unificação das afinações não aconteceu de forma total. O padrão *lá: 440 Hertz*, que se manteve relativamente estável na primeira metade do século XX, já não é mais aceito como referência nas orquestras que utilizam instrumentos barrocos ou clássicos. Inúmeros padrões usados nos séculos XVII e XVIII, que variavam entre 415 e 465 Hz, voltaram a ser adotados hoje em dia.

interna do sistema não fosse fragilizada. Quiálteras, mudanças de compasso, fermatas, e, até um determinado ponto, as polimetrias e polirritmias são elementos que, embora se afastem, não destroem a sensação de um decurso temporal matematicamente regulado.

Se, por um lado, a grafia das alturas e das durações estava "resolvida", por outro as tentativas de racionalização e, consequentemente, de escrita precisa dos demais parâmetros não se concretizaram. Para as intensidades, as medidas existem (os decibéis), mas não são passíveis de aplicação no momento de uma execução. A escrita das dinâmicas e também das articulações convive com um pensamento baseado na relatividade dos diferentes graus de intensidade e alguns de seus sinais traduzem visualmente sensações vindas de vivências corporais ou movimentações espaciais (Figura 13).

No caso dos timbres, cuja estrutura de formação já foi milimetricamente mapeada em termos físico-acústicos, não há como especificar, em uma partitura para instrumentos acústicos, uma qualidade timbrística absolutamente precisa. Por mais que os fabricantes almejem sua uniformização por meio do estabelecimento de um padrão de medida e de uso de materiais, nunca haverá garantias de que dois violinos, por exemplo, tenham exatamente a mesma sonoridade. Também quanto aos intérpretes, a exploração timbrística de um instrumento acústico dependerá de suas capacidades individuais e estas nunca serão igualadas: um Stradivarius nas mãos de um mau músico poderá soar como um instrumento de última categoria. No entanto, a homogeneização por naipes instrumentais parece ter sido uma solução intermediária, que solucionou o impasse existente entre a diversidade absoluta e a impossibilidade de precisão. A única área que consegue estabelecer de forma rigorosa os resultados timbrísticos é a música eletrônica, mas, ainda assim, com a finalidade de ampliar os horizontes perceptivos e jamais de controlá-los.

FIGURA 13 – Sinais de dinâmica (*crescendo* e *diminuendo*) e de diferentes staccatos.

Um último aspecto que não pode ser escrito de forma precisa é o andamento. Depois de "liberada" de sua subordinação ao texto, a categorização dos diferentes andamentos apoiou-se nos movimentos físicos e emocionais humanos: na pulsação do coração, na velocidade da respiração, do andar e das danças, nos humores e estados de espírito. Como também suas variações são infinitas e relativas, a terminologia, por mais que se esforçasse agregando termos e mais termos, não conseguia explicitar para o intérprete a medida exata de sua expressão. As indicações, por exemplo, de um *prestissimo furioso* ou de um *andante meditativo ma non troppo* podem circunscrever um limite de possibilidades de interpretação, mas seus resultados serão sempre aproximativos. Assim, como a medida humana não era confiável por ser altamente variável e imprecisa, foi inventada uma medida externa, segura e invariável: o metrônomo. Criado no início do século XIX, esse mecanismo de precisão conseguiu estabelecer uma escala de andamentos, ordenando-os em faixas que vão do *largo* (o andamento mais lento) ao *prestissimo* (o mais rápido). Cada faixa corresponde a um número mínimo e máximo de pulsações por minuto. Embora oriente, a marcação metronômica não se impõe.

É interessante reparar que, no mesmo século em que o metrônomo foi criado, os aspectos referentes à agógica[14] desenvolveram-se sobremaneira. Os anseios românticos, contrários à rigidez temporal, provocaram a volta do gosto pelo tempo fluido, inconstante, regido pelas vivências emocionais, e a ideia de que o tempo não é um objeto a ser medido, mas uma forma de experiência interna a ser usufruída. Assim, compreendem-se as indicações de andamento que Schumann estabelece no primeiro movimento de sua *Segunda sonata para piano em sol menor*, op. 22. No início, o andamento deve ser *So rasch wie möglich* (o mais rápido possível); na parte final,

---

14 Nos séculos XVII e XVIII o termo referia-se às acentuações e aos prolongamentos feitos sobre determinadas notas finais (cadenciais). A partir do século XIX, passou a designar qualquer desvio ou abandono temporário do rigor métrico-temporal.

encontram-se duas indicações aditivas que pedem a intensificação da velocidade: *schneller* (mais rápido) e, passados alguns compassos, *noch schneller* (ainda mais rápido).

As diferentes grafias adotadas hoje em dia

À medida que a linguagem musical do século XX foi se transformando, a escrita tradicional foi se tornando insuficiente para exprimir novas poéticas, que enfatizavam aspectos sonoros que ultrapassavam as possibilidades previstas pelo sistema. Para que grafar em uma pauta, por exemplo, um agregado sonoro cuja principal característica seja a indefinição de alturas e durações, à maneira de um "borrão"?

Dependendo, principalmente, dos graus de precisão e imprecisão dos elementos sonoros presentes em uma obra, diferentes formas de escritura foram criadas. Com o objetivo de estimular sem limitar a imaginação dos executantes, esses novos registros gráficos abrigam alguns elementos e procedimentos que haviam sido deixados de fora do repertório e, consequentemente, da grafia tradicional, ampliando quase ao infinito as possibilidades de relação do intérprete com a obra.

Ruídos, movimentos rítmico-melódicos imprecisos ou sem direção previamente definida, ações sonoras nas quais o que importa é a ação e não o som, procedimentos aleatórios, evoluções temporais não previsíveis, entre outros, são alguns dos aspectos que podem ser encontrados nessas novas partituras.

Além da notação gregoriana, da notação tradicional e da notação da música eletroacústica, hoje há as chamadas notações *aproximada, roteiro, gráfica* e *verbal*. Com exceção das notações gregoriana e eletroacústica,[15] há, entre essas outras grafias, uma graduação que

---

15 A música eletroacústica pura, pela natureza de seu trabalho e talvez por não precisar da figura tradicional do intérprete, adota uma forma de notação particular. Podem ser esboços, estudos prévios, cálculos e anotações de

parte da intenção de atingir a maior precisão possível (notação tradicional) e chega à maior imprecisão (notação verbal). As notações aproximada e roteiro possuem variáveis graus intermediários de imprecisão e, em algumas obras, encontra-se uma mistura de grafias que torna impossível categorizá-las.

Sem dúvida, quanto mais imprecisa for a notação, maior é o trabalho e a responsabilidade do intérprete na criação tanto dos eventos sonoros individualizados quanto de seus encadeamentos e resultantes formais. O compositor, ao optar pela confecção de uma partitura gráfica, conta com o fato de que o intérprete será, obrigatoriamente, um coautor de sua obra e que ela renascerá sempre de uma forma diferente, a menos que o intérprete prefira preparar e apresentar apenas uma entre as possíveis realizações:

Notação aproximada: utiliza a grafia tradicional, indicando, porém, aproximações intervalares e rítmicas. Importam mais os efeitos timbrísticos resultantes da região frequencial (grave/agudo) na qual se encontra um som do que sua determinação em termos intervalares. O compositor sugere, por exemplo, por meio de sinais específicos, que o cantor emita a nota mais aguda ou mais longa que puder realizar, ou então que um instrumento execute algumas notas o mais rápido que conseguir em torno de um eixo de frequência localizado em determinada região. O *sprechgesang* (canto falado) presente já no ciclo de canções op. 21, *Pierrot lunaire* (1912), de Schoenberg, pode ser considerado um exemplo de notação aproximada.

Notação roteiro: pode ou não utilizar a grafia tradicional, incluindo sinais não convencionais. Normalmente, antecede à partitura um roteiro de instruções (chamado "bula") que detalha cada um dos sinais utilizados pelo compositor. Depois de uma fase de inten-

---

soluções encontradas, ou ainda uma espécie de resumo de procedimentos técnico-operacionais realizados. A conveniência, a necessidade, os limites e a pertinência de uma "notação eletroacústica" são discutidos com muita profundidade por Flo Menezes (1998, Parte I, tópico 4, p.43-65).

sa experimentação, o tamanho das bulas era tão longo que desestimulava os intérpretes. Além disso, a quantidade e a variedade de sinais gráficos era tamanha que para um mesmo efeito, por exemplo, havia três ou quatro grafias. Para resolver esse problema, compositores, principalmente poloneses, selecionaram algumas soluções gráficas que haviam se mostrado mais apropriadas e estabeleceram uma unificação de sinais que facilitou enormemente a "decifração" e a interpretação de uma partitura roteiro. K. Penderecki e Murray Schafer estão entre os compositores que se valeram dessa notação para a confecção de algumas de suas obras.

Notação gráfica: normalmente não utiliza a pauta, preferindo o espaço total de uma folha em branco para a disposição de seus gráficos, que vão desde formas figurativas, geométricas, até não figurativas, letras, sílabas, palavras e colagens de trechos de escrita tradicional. É a escrita mais radical em termos de imprecisão, tanto na interpretação dos sinais (não tem nenhuma "bula") quanto nas possibilidades de leitura. Estas podem ser feitas tanto de forma convencional, da esquerda para a direita, como também a partir de direções múltiplas que o intérprete queira e consiga imaginar (de forma retrogradada, diagonal ou circular, entre outras). Pode-se, ainda, virar a folha em qualquer sentido e ressignificar todos os sinais (os que estavam grafados na parte inferior da folha passam para a parte superior, as linhas horizontais podem se tornar verticais, por exemplo). A liberdade de escolha do intérprete leva a resultados que variam desde construções formais mais abertas até as mais tradicionais, podendo aparecer, por exemplo, uma forma-sonata. Não há restrições nem obrigatoriedade de se adotar um único caminho poético. J. Cage, E. Brown, M. Feldman, C. Wolff, C. Cardew, A. Logothetis, D. Detoni e Haubenstock-Ramati, entre outros, escreveram importantes obras gráficas. Ligeti teve uma única experiência com esse tipo de escrita em *Volumina* (1961-1962), para órgão.

Partituras verbais: somente instruções verbais são escritas para que o(s) músico(s) possa(m) se inspirar em seu conteúdo, geralmente poético ou filosófico. A partitura se torna um "cenário" possível de acontecimentos e improvisações musicais. Entre os compositores que se utilizaram desse recurso estão Luc Ferrari, C. Wolff, Pierre Mariétan e K. Stockhausen. Deste último, a obra para sete músicos *Aus den sieben Tagen* [*Dos sete dias*], de 1968, é bastante conhecida. Com uma proposta meditativo-espiritual, Stockhausen escreve, para cada um dos sete dias em que os músicos devem executar suas improvisações, uma série de "instruções":

> Para o grupo
> *ES*
> pense em NADA
> espere até que esteja absolutamente silencioso dentro de você
> quando você atingir esse estado
> comece a tocar
> assim que você começar a pensar, pare
> e tente atingir novamente
> o estado de NÃO PENSAMENTO
> então continue a tocar
>
> 10 de maio de 1968
> (apud Harvey, 1974, p.115)

Ainda que cada uma das diferentes notações encerre particularidades em seus modos de decifração, todas elas guardam uma relação intrínseca com a ideia que o homem ocidental tem do fenômeno sonoro e de sua representação gráfico-espacial. Pode-se perceber na notação gráfica que a concepção de espaço não é mais aquela adotada na grafia tradicional, ou seja, um espaço definido por pontos de referência fixos, no qual os objetos se inscrevem de forma estável e hierárquica. Trata-se da vivência de um espaço multidirecional, abordado a partir de qualquer ponto, no qual as presenças dos signos são tão importantes quanto as ausências. O espaço deixa de ser um suporte e torna-se um elemento constituinte da obra, um território a ser percorrido de acordo com traçados cartográficos livres (Exemplos 5 a 7).

Música: entre o audível e o visível

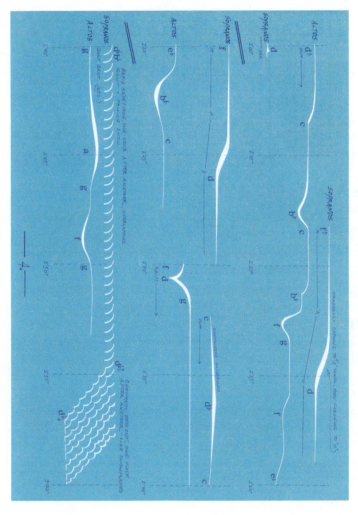

EXEMPLO 5 – Notação aproximada, *Snow Forms* de Murray Schafer (1986, p.4).

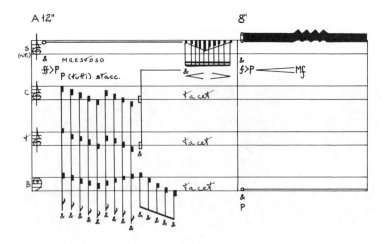

Instruções

- Os acidentes só são válidos para as notas diante das quais se encontram, salvo quando se trata da citação.

- Indicação de compassos: 1) segundo a maneira corrente; 2) indicado em segundos (graficamente proposto como relação espaço/tempo).

- Uma única linha em substituição ao pentagrama e com uma frequência básica e seu índice de oitava prescrito indica que as notas devem ser resolvidas por aproximações microtonais.

- Página 3: neste caso, os baixos se movimentam com independência em relação ao restante do coro (resguardando-se, todavia, algumas relações sugeridas pela grafia).

- Um pentagrama com ausência das linhas intermediárias: as frequências não devem estar sujeitas à divisão da oitava em 12 semitons. Deve haver por parte dos intérpretes uma intenção de – exatamente – não recorrer a uma frequência já utilizada.

- As notas quadradas (como as indicações de *clusters*): todos os participantes do naipe devem emitir frequências que estejam delimitadas pela abrangência da nota quadrada, num esforço para se atingir o aglomerado de frequências o mais compacto possível.

EXEMPLO 6 – Notação roteiro. *Passos da Paixão* de Willy Correa de Oliveira 1982, trecho da p.6 e bula).

Música: entre o audível e o visível

EXEMPLO 7 – Notação gráfica, *Graphik IV* de D. Detoni (1972, p.14).

O espaço tridimensional e a percepção musical

Parece óbvio dizer que dimensão acústico-espacial sempre esteve enraizada na consciência de músicos e ouvintes desde o canto gregoriano até os dias de hoje, pela simples razão de não ser possível separar o som de seu *habitat* acústico. No entanto, é somente a partir dessa obviedade que se pode acompanhar as transformações ocorridas nessa consciência, pois ela encerra em si os caminhos perceptivos priorizados e desenvolvidos pelo homem ocidental.

Na prática do cantochão,[16] a dimensão acústica foi pensada de forma a cuidar para que o texto entoado soasse sempre nítido e acusticamente limpo. Como uma igreja românica não tem a acústica de um anfiteatro grego, pode-se pensar que, para evitar que as sílabas se superpusessem em razão das reverberações e reflexos acústicos, o estabelecimento das *cordas de recitação*,[17] da proibição de instrumentos acompanhantes e da manutenção da monodimensionalidade do uníssono, por exemplo, cumprisse, além de outras inúmeras funções inclusive simbólicas, uma função acústica.

Poéticas musicais posteriores cujo objetivo foi a inteligibilidade das palavras organizaram um ambiente acústico, isto é, combinaram inúmeros elementos que não só o espaço físico, que fosse propício às suas intenções. No período barroco, uma das fortes razões para a voz de tenor ser privilegiada nos recitativos de Paixões e Oratórios é por ser a voz masculina mais penetrante e nítida em sua trajetória espacial. As árias recebem como acompanhamento uma instrumentação que não as encubra com harmônicos e reverberações. Nas combinações de solos com pequenos grupos vocais ou instrumentais, a unidirecionalidade das fontes emissoras (relação palco/plateia com lugares fixos no palco) concorre para a acomodação e equalização auditiva da plateia. Nos grandes coros, os

---

[16] Por cantochão entende-se o canto monódico das liturgias cristãs da Idade Média. Inclui os cantos ambrosiano, galicano, moçárabe e gregoriano.

[17] Chama-se corda de recitação ou dominante salmódica a nota sobre a qual serão entoadas as salmodias.

andamentos vão depender da acústica da igreja ou do teatro, mas no geral não podem ser rápidos, pois correm o risco de soarem embolados. Acresce-se à questão dos andamentos a relação do ritmo harmônico com a acústica: quando se almeja que o significado tonal e o sentido direcional de diferentes funções harmônicas sejam percebidos em um pequeno lapso temporal, o andamento não pode ser muito rápido, pois não há tempo hábil para que cada acorde possa se expor, não como entidade física, mas em seus encadeamentos com os acordes antecedentes e consequentes. Se as condições acústicas são favoráveis à nitidez, os andamentos podem ser mais rápidos do que em ambientes com reverberações longas.

No Renascimento encontra-se, em relação aos instrumentos, a preocupação que mais tarde será a base da orquestra: as sonoridades mais pesadas, com longas reverberações, ficam na parte posterior do palco para que não se sobreponham às demais.

É interessante realçar que, ao lado desse cuidado com a limpeza e a nitidez acústicas, os ouvidos renascentista e barroco também procuravam outras sensações acústico-espaciais. No Renascimento, a técnica dos coros alternados (*spezzati*) não era novidade. Desde a Idade Média, a alternância de grupos, ou de solo com coro, já era praticada. No entanto, as inquietações do século XVI referentes ao espaço – movimento da Terra e dos planetas, sistematização da perspectiva na pintura, inovações arquitetônicas, entre outras – provocaram a abertura acústica do espaço para poder dispor, por exemplo, na Catedral de São Marcos em Veneza, dois órgãos e dois coros um em frente ao outro. Concomitante a essa separação das fontes sonoras, a composição de texturas (polifônicas e acórdicas) e de instrumentações que diferenciavam cada um dos grupos resultavam em uma vivência acústica de preenchimento e, ao mesmo tempo, de compartimentação espacial. No *Magnificat* para três coros, de G. Gabrieli (c.1553-1612), a oposição e fusão de timbres e densidades, o deslocamento das entradas imitativas dos coros, os efeitos de eco e os momentos acórdicos do *tutti* abriram para a percepção uma forma de fruição acústica nunca antes experimentada.

Outro exemplo interessante é o órgão tubular barroco cujo *habitat* é uma grande catedral, com muitos nichos e espaços internos desdobrados. Tanto a quantidade de tubos e de registros quanto seu repertório foram concebidos para a exploração de longas reverberações, rebatimentos e misturas. Um efeito acústico muitíssimo interessante advindo da conjugação perfeita entre espaço e instrumento são as chamadas melodias parasitas. Elas nascem do encadeamento dos sons parciais (harmônicos) que se agregam formando uma linha melódica que não está escrita na partitura. Esse efeito, em cuja base está a condução apropriada do ritmo harmônico, foi e continua a ser previsto pelos compositores, provocando no ouvinte a estranha sensação de "estar ouvindo vozes...".

Em Heinrich Schutz (1585-1672) também se encontra um pensamento que explora os diversos espaços acústicos de um local, incluindo a dimensão vertical. Em sua obra *Musikalische Exequiem* (SWV 279 a 281), o compositor dispõe os coros nos diferentes andares da igreja e encadeia suas partes de forma que sejam ouvidas em um deslocamento vertical ascendente. Esse recurso, além de cumprir uma função figurativa, pois representa a ascensão de uma alma sendo levada até o céu pelos anjos, não deixa de ser extremamente significativo enquanto ousadia acústica.

Ao mesmo tempo em que essas explorações aconteciam nas igrejas e catedrais, estabelecia-se, nos séculos XVII e XVIII, sobretudo na Itália, um modelo de construção de teatro de ópera que resolveria todos os problemas concernentes à inteligibilidade do texto. A planta básica em forma de ferradura ou de "U", embora prejudicasse os ouvintes que estivessem nas extremidades das laterais, previu um palco que projetasse unidirecionalmente todos os sons para o centro da plateia. Com muitos tecidos e ornamentos de gesso que absorviam as reverberações mais longas e evitavam os ecos, a acústica se tornava suficientemente seca para que a emissão das palavras, mesmo nas passagens virtuosísticas, chegasse com clareza ao ouvinte. Em certo sentido, pode-se dizer que a reprodução desse modelo de teatro, chamado de "teatro lírico italiano", durante os séculos posteriores prejudicou grandemente a fruição de obras que já haviam ampliado e ultrapassado o pensamento musical do século XVIII e que necessitavam de outras condições espaciais para se desenvolverem acusticamente. Ouvir uma sinfonia de Mahler em um teatro "italiano" significa não ouvir mais da metade das intenções do autor.

Mais um aspecto ligado à consciência acústica dos compositores pode ser observado no desenvolvimento da construção dos instrumentos, sobretudo no século XVIII. A substituição da flauta doce pelo *traverso* e do cravo pelo piano forte, por exemplo, sinalizam uma preferência acústica. Novos timbres, mais amplitude e possibilidades de graduação de intensidades (*forte* ou *piano*), e recursos técnicos que controlassem as sonoridades indesejadas (os sons harmônicos naturais passaram a ser considerados desafinados), foram exigidos por criadores que almejavam uma orquestra ao mesmo tempo homogênea e límpida em seus resultados acústicos.

A partir do classicismo, as exigências timbrísticas foram se tornando cada vez mais acentuadas. Compositores clássicos escreviam obras para um determinado instrumento que não pode ser substituído por outro, de tessitura equivalente mas de timbre diferente, como acontecia no período barroco. Uma flauta não pode mais ser substituída por um violino, por exemplo. Apesar disso, a prática da reorquestração continuou sendo frequente não tanto em função da disponibilidade de instrumentistas, como antes, mas principalmente em função das características acústicas do local em que uma obra seria executada. Uma comparação entre os repertórios camerístico e sinfônico pode fazer o ouvinte perceber que cada gênero já traz consigo seu ambiente acústico.

A exploração dos instrumentos em suas potencialidades e singularidades acústicas pode ser exemplarmente encontrada em Beethoven. É comum a afirmação de que o mestre teria escrito obras para o piano pensando em uma orquestra. No entanto, se se considerar que ele teria ouvido as possibilidades oferecidas pelo piano *dentro* do espaço, poder-se-ia dizer que ele ouviu, sim, o piano, nos aspectos perceptivos que, até então, só uma orquestra poderia oferecer: variedade e simultaneidade de diferentes espaços acústicos.

Percebe-se, em suas sonatas para piano solo, o quanto ele já estruturava figurações contrastantes de forma que elas soassem como camadas que iriam se sobrepor tanto acústica como perceptivamente. Por exemplo, um movimento muito rápido de notas arpejadas instala-se acústica e perceptivamente de uma maneira diferente daquela de acordes longos ou ritmicamente enérgicos. Ao alternar de forma brusca os dois tipos de configuração, Beethoven provoca, pela inércia auditiva (não há tempo para o ouvido se equalizar e se recolocar acusticamente) o "transbordamento" virtual das reverberações de uma figuração sobre a outra, causando a superposição de duas sensações acústicas diferentes ao mesmo tempo (Exemplo 8).

No século XIX, as buscas acústicas se concentraram em duas vertentes opostas e quase extremas: a sonoridade intimista e a sonoridade *épatante*. Esses dois efeitos não estão ligados somente à quantidade de instrumentos que aparecem na orquestra romântica, em número duas e até três vezes maior do que na orquestra clássica. São maneiras de agenciar a ambientação acústica (instrumentação/ orquestração, andamentos, desenvolvimento harmônico, intensidades e texturas, entre outros componentes) de forma ou a envolver o ouvinte e causar uma sensação de proximidade, ou a impactá-lo e tomá-lo de assalto. Esses dois climas podem ser percebidos tanto na alternância dos movimentos de uma sinfonia romântica

EXEMPLO 8 – Beethoven, *Sonata Opus 2, nº 1*, IV, p.11, compassos 109-117. s. d., v.1.

quanto em obras para instrumento solo. O repertório composto para piano é paradigmático a esse respeito. O compositor que talvez tenha levado esse pensamento ao paroxismo foi Wagner. Com suas exigências – pessoais e musicais – concretizou o que talvez fosse o desejo de muitos compositores: um teatro onde seus ideais perceptivos pudessem ser realizados, Bayreuth. A construção do teatro de Bayreuth (1876) possibilitou a exploração de um espaço acústico que pudesse surpreender e envolver o ouvinte de várias maneiras: a disposição da plateia em formato de leque e com vários anteparos laterais permitiu que a sonoridade chegasse completa e equilibrada a todos os lugares; a criação de um fosso entre a plateia e o palco serviu ao duplo propósito de evitar a interferência de informações visuais que não fossem aquelas planejadas para as cenas dramáticas e de modificar timbristicamente a recepção e a sonoridade orquestral; a exploração dos planos baixo (palco), médio (andar intermediário) e alto (cúpula) resgatou a possibilidade de se trabalhar a dimensão verticalizada do som.[18]

Além de Bayreuth, outras grandes salas sinfônicas foram construídas na segunda metade do século XIX para abrigar as espaçosas sonoridades românticas, tais como o Concertgebouw, em Amsterdã (1887), o Carneggie Hall, em Nova York (1891), e o Symphony Hall, em Boston (1900).

No final do século XIX, a poética impressionista reagiu de uma maneira particular à "sufocante" orquestração romântica. Uma sonoridade mais leve, feita com uma orquestração mais delicada, na qual a diversidade fosse realçada, indica o início do declínio do critério da homogeneidade e da espessura timbrística. A ideia de um "arejamento" e de uma mobilidade acústica maior resultou em um estilhaçamento das tradicionais estruturas formais, harmônicas e texturais, cujos resultados foram decisivos para a superação do idioma e, sobretudo, do pensamento discursivo tonal.

---

18 A autora permite-se recomendar a leitura dos tópicos "Parsifal", "O teatro italiano e Bayreuth", e "Ouvindo o espaço", do livro *Ouvir Wagner – ecos nietzschianos* (2000), escrito em coautoria com Alfredo Naffah Neto.

Impactado e estimulado pelo universo acústico, harmônico e formal apresentado pelos conjuntos de gamelão que ouvira em Paris, Debussy (1862-1918) comenta, em seu livro *Monsieur Croche e outros ensaios sobre música* (1971, p.70-1),

> a possibilidade de uma música construída especialmente para "o ar livre", toda em grandes linhas, em ousadias vocais e instrumentais que brincariam e planariam no topo das árvores, na luz do ar solto. Aquela sucessão harmônica que parece anormal no espaço fechado de uma sala de concertos, certamente aí assumiria seu justo valor. Talvez fosse encontrado o meio de se liberar das pequenas manias de forma, de tonalidades arbitrariamente precisas que atravancam tão desajeitadamente a música ... Se isso acontecesse, confesso que o exílio dos realejos me deixaria sem lágrimas, mas receio bastante que a música continue cheirando um pouco a recinto fechado.

Concomitantemente às buscas de Debussy, a obra do americano Charles Ives (1874-1954) procurava também novos ares e espaços. Formado no meio de bandas marciais cujos desfiles e evoluções espaciais ao ar livre oferecem ao ouvido a sensação do deslocamento, do cruzamento e da mistura sonora,[19] o compositor concebeu em suas composições um espaço perceptivo no qual diferentes camadas (*layers*) harmônicas, texturais, rítmicas, melódicas e timbrísticas se superpusessem em velocidades também diferentes. À sensação de estaticidade física e perceptiva de um concerto tradicional, ele contrapôs a ideia de mobilidade e de multiplicidade sonora de uma rua, com muitos "sons das pessoas, cavalos e tróleis,

---

19 É importante lembrar que nos desfiles não é somente a banda que se desloca. O ouvinte tem a possibilidade de se recolocar espacialmente em diversos pontos. Isso permite que a obra seja ouvida ora em sua sonoridade integral, ora parcial; que se ouça primeiro a parte final de uma música e só depois a inicial (quando o desfile já começou e o ouvinte "recupera" a banda adiantando-se a ela, para esperar o reinício da peça, por exemplo); que se sobreponham o final da apresentação de uma banda com o início de outra, entre outras inúmeras possibilidades.

todos se movimentando em velocidades e ritmos diferentes" (Albright, 1999, p.130).

O espaçamento físico de grupos instrumentais no palco (e também fora dele), presente em inúmeras de suas obras, inaugura uma nova relação física e acústica entre os ouvintes e a fonte sonora. A sacralizada divisão plateia/palco começava a ser demolida.

Com o advento da música *concreta* francesa e *eletrônica* alemã, no final da década de 1940, o desenvolvimento da ideia de *espacialização do som* ganhou contornos nítidos e definidos, criando uma nova poética assentada sobre as possibilidades trazidas pela tecnologia.[20] No âmbito da música eletroacústica, o conceito *espacialização* tornou-se um parâmetro essencial e seu significado refere-se à ideia de distribuir no espaço diversos pontos de emissão sonora, de forma a propiciar ao ouvinte a fruição real de uma mutidirecionalidade sonora que se apresenta e se movimenta à sua volta.

Decisiva para a exploração desses novos agenciamentos espaciais foi a dispensa da figura tradicional do intérprete. Pierre Schaeffer (1910-1995), em seu *Traité des objets musicaux* (1966), retoma o termo *acusmático*[21] para caracterizar a emancipação do material musical em face da fonte sonora geradora. Um som que podemos ouvir sem que vejamos as causas das quais ele provém, pois sua emissão é feita por meio de um alto-falante, tem as virtudes da

---

20 Para um maior detalhamento sobre a história, compositores e obras fundamentais a esse respeito, recomenda-se a leitura do item 2 – "A espacialidade na música eletroacústica" – da Parte I do Livro *Atualidade estética da música eletroacústica* (1998) de Flo Menezes.

21 "O termo origina-se da palavra grega *akousmatikós* (disposto a ouvir, a escutar), que vem por sua vez, de *ákousma* (o que escuta) – ensinamento, música, ruído etc. –, o que se faz escutar – músicos, professores etc.)" (Menezes, 1998, p.22). A escuta acusmática foi um recurso usado por Pitágoras que, atrás de uma cortina, passava seus ensinamentos aos seguidores de sua doutrina. François Bayle (1932) propôs que a música eletrônica produzida em estúdio sobre suporte fixo e definitivo e endereçada somente à escuta adotasse o nome de música acusmática, para que se diferenciasse daquela feita também por meios eletrônicos (sistematizadores, por exemplo), mas interpretada de forma presencial.

tenda de Pitágoras: além de criar novos fenômenos perceptivos a serem observados, cria também novas condições de observação. Assim, a espacialização do som ramificou-se em diversas sensações espaçotemporais. A multiplicidade de pontos de emissão causa o efeito do relevo sonoro (impressão de profundidade sonora graças às diferentes distâncias que separam o ouvinte das fontes), em que se combinam a ubiquidade (diferentes alto-falantes ou grupos instrumentais ou vocais, separados no espaço, soam simultaneamente), e a mobilidade (trajetórias diagonais, triangulares, entre outras; rotação e circulação dos sons de um ponto sonoro a outro) (Bayer, 1981, apud Bosseur, 1996, p.52-3).

Essa solicitação auditiva que vem de todas as partes resulta na chamada escuta musical multidirecional, não referenciada, oposta à escuta unidirecional tradicional, e pode causar no ouvinte "não iniciado" um certo constrangimento. Mas é justamente esse grau de estranhamento, intensificado pela ausência de intérpretes no palco e por uma iluminação que se mantém, geralmente, na penumbra, que produz a vivência plena do espaço. Espaços imaginários ou metafóricos deixaram de ser apenas internos e fictícios para se tornarem externamente descritos em suas justaposições, superposições e movimentações.

Outro desdobramento perceptivo ligado ao espaço é apresentado pelo conceito de *paisagem sonora (soundscape)*,[22] definido e desenvolvido pelo compositor canadense Murray Schafer (1933). A partir do grande projeto denominado *The World Soundscape Project* (Projeto paisagem sonora mundial) (Fonterrada, 1996), cujos objetivos eram os estudos e pesquisas sobre o meio ambiente sonoro, seus graus de poluição auditiva e suas implicações à saúde física e mental do homem contemporâneo, Schafer concebeu uma poética musical na qual o ouvinte está, ao mesmo tempo, experienciando as diferentes formas de ouvir o(s) mundo(s) sonoro(s) e refletindo sobre elas.

---

22 Neologismo criado pela contração das palavras *sound* (som) e *landscape* (paisagem).

É importante realçar que a aplicação musical do conceito de paisagem sonora congrega consciência, fruição e imaginação em suas relações com o ambiente humano e natural em sua totalidade. Muitas das obras de Schafer apelam para uma fruição multissensorial, envolvendo música, teatro, dança, estímulos olfativos e gustativos, narrações míticas e alegóricas. O uso de espaços não convencionais, tais como um lago situado nas Montanhas Rochosas (Canadá) ou uma feira em praça pública, leva o espectador a um reposicionamento de sua sensibilidade acústica e de seu ouvido interno de forma que ele seja levado a procurar, tanto em ambientes naturais mais preservados como em centros altamente urbanizados, uma vida auditiva mais artística e consciente.

Um último ponto a respeito das relações entre os aspectos perceptivos e o espaço tridimensional aponta para a necessidade da presença física do ouvinte no local da *performance*. A insubstituível experiência com os espaços de escuta almejados e construídos por diferentes poéticas musicais só pode ser avaliada *in loco* para depois poder ser, quem sabe, reconstruída no momento em que se escuta uma gravação. Não se pode esquecer que cada obra, ao trazer consigo suas necessidades acústicas específicas, inclui a presença – física e espiritual – do ouvinte.

Os sons e as imagens

As tentativas de descrever ou imitar figurativamente a natureza, ou de representar e suscitar sentimentos e emoções por meio de sons, permeiam a história da música ocidental desde o Renascimento até os dias de hoje. Encontra-se em diferentes estilos e épocas uma espécie de compromisso e de cumplicidade que une compositores e ouvintes, cuja força não consegue ser diminuída pelos críticos mais ferrenhos.

As bases desse compromisso se assentam sobre conceitos de representação, de imitação e de construção simbólica que, uma vez instalados na cultura, predispõem ouvidos e sensibilidades à apreensão e aceitação de um determinado repertório de obras e, com ele, de uma série de procedimentos e códigos que garantem a relação entre o sonoro e o visual.

Descrevem-se apenas três das várias possibilidades de entrelaçamento do ouvido com a visão. Todas têm o mesmo alvo – a junção da audição e da visão –, mas seus percursos se diferenciam quanto à forma de solicitação dos sentidos. A primeira apoia-se na leitura de uma partitura, a segunda associa a leitura com a descrição de imagens, e a terceira baseia-se apenas na audição.

Leitura

Augenmusik, música para os olhos. Notação musical cujo significado simbólico só é percebido pelos olhos e não pelos ouvidos, pois exige a leitura ou a visualização das partituras. Seus efeitos, assim, são restritos aos executantes e compositores, deixando o ouvinte sem acesso ao rico simbolismo que esse procedimento encerra. Para os leitores de uma partitura criada com esse propósito, os estímulos interpretativos vêm, simultaneamente, do aspecto gráfico da partitura e da relação deste com o texto e com os elementos propriamente musicais, tais como a tonalidade ou modo, as figurações melódicas e rítmicas e o andamento, entre outros.

Esse tipo de escrita foi muito popular entre os madrigalistas italianos, durante os séculos XVI e XVII, embora fosse censurado e considerado um maneirismo por teóricos e intelectuais, entre eles Vincenzo Galilei. Pejorativamente, Galilei denominava esse procedimento de "madrigalismo".

A técnica da *Augenmusik* encontrou sua síntese máxima na obra de Luca Marenzio (1553-1599), um dos maiores madrigalistas da Renascença. O compositor levou à perfeição a proposta do madrigal que visava à pintura literal das palavras, apresentando visual e musicalmente um objeto, uma ideia, um estado de espírito ou uma paisagem. Em uma de suas obras, Marenzio "desenha" por meio de linhas melódicas os arcos de uma catedral de Roma.

As construções visuais da *Augenmusik* vêm de três procedimentos básicos que podem ser conjugados ou não:

- por meio do uso de notas brancas ou pretas que não interferem em seus valores de duração para simbolizar eventos ou fenômenos diferentes. A brancura das notas simbolizava situações descritas pelo texto, tais como o dia, a luz, a palidez. As notas pretas apresentavam ideias de sombra, morte, cegueira, noite, escuridão. Johannes Ockeghem (c.1410-1497), um dos mais conhecidos e respeitados contrapontistas da escola flamenga, no Credo de sua *Missa Mi-mi*, enegrece as notas na palavra *mortuorum*, e Josquin des Près (1450-1521) utilizou um grande número de notas pretas em seu lamento a cinco vozes pela morte de Ockeghem, intitulado *Nymphes des bois* (Exemplo 9). Nessa obra, enquanto o tenor executa o *cantus firmus* gregoriano *Requiem aeternam*, as outras vozes cantam um texto francês. Em um manuscrito florentino todas as notas aparecem enegrecidas, em sinal de luto.

- a forma visual da partitura abandona a disposição habitual e adota formatos diferenciados, de acordo com sua intenção simbólica. Os exemplos mais evidentes são canções de amor cujas partituras vêm em formatos de coração (Figura 14) e cânones perpétuos que vêm escritos em formato de círculo.

Baude Cordier, no século XIV, compõe um rondó cuja partitura (Exemplo 10) adota o formato de coração. Essa forma refere-se tanto ao conteúdo poético quanto ao nome do compositor, encerrando o seguinte texto: *Belle, bonne, sage, plaisante et gente à ce jour où l'an se renouvelle, je vous fais le don d'une chanson nouvelle. Ce dedans mon coeur qui à vous se présente...* (Bela, boa, sábia, brincalhona e gentil [?] neste dia em que o ano se renova, eu vos faço a oferta de uma nova canção. Lá dentro está meu coração que a vós se apresenta...) (apud Peignot, 1978, p.47).

EXEMPLO 9 – Josquin des Près, *Nymphes des bois* (apud Bossuyt, 1996, p.64).

Música: entre o audível e o visível

FIGURA 14 – Cancioneiro cordiforme de Savoie, século XV (apud Bossuyt, 1996, p.70).

- sobre a escrita tradicional de uma partitura, a disposição dos signos musicais resulta em desenhos facilmente perceptíveis ao olhar. São muito comuns os desenhos de cruz em obras que se referem à crucificação de Cristo. J. S. Bach (1685-1750), profundo conhecedor dessa tradição, explorou no período barroco o poder simbólico desse procedimento (Exemplo 11). Em suas *Paixões* e em inúmeras *Cantatas*, encontra-se quase um catálogo de possibilidades bem-sucedidas desse procedimento (Exemplo 12).

No Exemplo 12, o desenho de cruz é formado pelas notas *si* (nota central do motivo, tronco da cruz) e pelas notas *lá #* e *dó #*, ornamentos colocados ao lado do *si* para desenhar os braços da cruz. Essa passagem apresenta, visual e sonoramente, o conteúdo semântico da frase ...*das ist hoch an des Kreuzes Stamm* (no alto do tronco da cruz). O salto ascendente de 8ª entre a primeira e a segunda notas enfatiza um plano espacial superior (no alto da cruz...).

EXEMPLO 10 – Baude Cordier, rondó *Belle, bonne et sage* (apud Grout, 1992, p.168).

De certa maneira, as partituras que adotam a notação gráfica também podem ser consideradas exemplo de *Augenmusik*. As formas gráficas, na maioria das vezes não figurativas, apresentam ao leitor a forma visual concreta correspondente à configuração sonora almejada pelo compositor (Exemplo 13).

EXEMPLO 11 – J. S. Bach, *Paixão segundo São Mateus*, 1990, p.93.

EXEMPLO 12 – *Cantata nº 4, Christ lag in Todesbanden*, V, 1976, p.23.

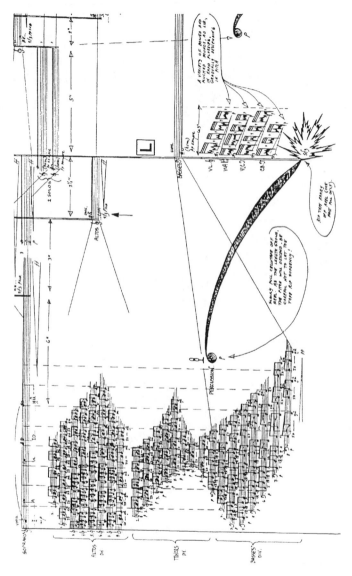

EXEMPLO 13 – R. M. Schafer, *Pátria I: Wolfman*, s. d., p.55.

Leitura e audição

Word-painting, a pintura das palavras em música. Difere da *Augenmusik* por usar elementos que são ao mesmo tempo visíveis e audíveis. Isso significa que o ouvinte, desde que conheça um repertório mínimo de figuras musicais, tais como ascendência ou descendência de escalas, saltos e ondulações melódicas, procedimentos imitativos, entre outros, consegue acompanhar auditivamente e imaginar visualmente as imagens descritas. A compreensão do texto é imprescindível para o acompanhamento da relação que se estabelece entre música e palavra.

Praticada com afinco pelos madrigalistas renascentistas, desenvolveu-se com muita força no período barroco, resultando na chamada música instrumental descritiva.

Josquin des Près (1440-1520), em seu moteto *Absalom fili mi* (Exemplo 14), descreve tanto o movimento das lágrimas escorrendo dos olhos quanto o movimento de descida ao inferno por meio de linhas melódicas descendentes, na frase *sed descendam in infernum plorans* (mas deixa-me descer ao inferno, chorando). O ritmo sincopado realça, ao mesmo tempo, a hesitação e o choro.

J. S. Bach, em sua *Paixão segundo São João*, recorre a um procedimento similar para realçar o amargo choro de Pedro, depois de ele ter negado o Senhor pela terceira vez (Exemplo 15). O desenho melódico descendente em um longo e tortuoso melisma com muitas síncopes evoca o movimento das lágrimas caindo. Harmonicamente, acordes dissonantes traduzem a profunda tristeza de Pedro.

O Exemplo 16 mostra um procedimento muito usado desde o Renascimento: a imitação entre as vozes descreve a ação de seguir alguém ou alguma coisa, como nos *ricercari* e nas *fugas*. No trecho em que o contralto canta *ich folge dir gleich* (eu também te sigo), sua linha melódica imita a da flauta.

No Exemplo 17, percebe-se que no momento em que os cantores pronunciam a palavra *gefangen* (amarrado, preso) há um cruzamento de vozes provocado pelo salto de 8ª do soprano, traduzindo o movimento de amarrar as mãos de Cristo. A sustentação da mesma nota durante um longo período intensifica a ideia da prisão.

EXEMPLO 14 – Josquin des Près, moteto *Absalom fili mi* (apud Grout, 1992, p.238).

EXEMPLO 15 – J. S. Bach, *Paixão segundo São João*, 1974, p.43.

EXEMPLO 16 – J. S. Bach, *Paixão segundo São João*, 1974, p.32.

EXEMPLO 17 – J. S. Bach, *Cantata nº 4, Christ lag in Todesbanden*, II, 1976, p.15.

O Exemplo 18 mostra que o significado das palavras *dem Tod* (a morte) é realçado por um salto descendente de 12ª diminuta (um trítono[23] composto), sobre um acorde de 7ª diminuta.

---

23 O trítono é um intervalo composto por três tons. No contexto da harmonia tonal, ele é considerado o intervalo produtor de dissonâncias e tensões. Seu movimento obrigatório em direção ao repouso faz que o trítono seja o grande responsável pela direcionalidade do sistema tonal. Desde o início do Renascimento sua sonoridade era evitada, pois simbolizava o *diabolus in musica*. O simbolismo numérico também atribuía ao trítono uma origem divina (o número três), e sua posição central na escala de doze semitons cromáticos – o sexto semitom – evocava Lúcifer, "aquele que veio para dividir". A unidade da escala e da 8ª representava a original unidade do mundo divino. Durante o período barroco, os acordes de 7ª diminuta, que

É interessante observar que a estrutura formal dessa *Cantata nº 4* representa uma cruz. As sete partes se dispõem de forma simétrica em relação a um eixo (*versus* IV), cujo texto descreve o combate entre a vida e a morte. No Quadro 7, os *versus* I e VII, II e VI, e III e V se correspondem pela quantidade de vozes presentes (4, 2 e solo), realizando um espelho em termos de densidade de número de vozes: descrescente até chegar ao eixo (*versus* IV) e, a partir daí, crescente até o final (4, 2, 1 /4/ 1, 2, 4).

EXEMPLO 18 – J. S. Bach, *Cantata nº 4, Christ lag in Todesbanden*, V, 1976, p.24.

Quadro 7 – Disposição cruciforme das partes da *Cantata nº 4*, de J. S. Bach

Versus I	Versus II	Versus III	Versus IV	Versus V	Versus VI	Versus VII
Coro 4 vozes	Solo soprano e contralto	Solo tenor	Coro 4 vozes	Solo baixo	Solo soprano e tenor	Coro 4 vozes

---

possuem dois trítonos, representavam as forças maléficas. Mozart, em *Don Giovanni*, usa uma série desses acordes para anunciar a chegada do Comendador ao fatídico jantar, no último ato.

Na *Paixão segundo São João*, de J. S. Bach (Exemplo 19), no momento em que Cristo morre, abaixando a cabeça e rendendo o espírito, ouve-se e visualiza-se uma cruz, cujo tronco é representado pelo salto ascendente sobre a palavra cabeça (*Haupt*). O simbolismo numérico também está presente: são nove notas, evocando o momento da morte de Cristo, a nona hora.

Na *Paixão segundo São Mateus*, de J. S. Bach, há uma belíssima presentificação da auréola de Cristo por meio das cordas, que sempre acompanham seus recitativos. No momento em que ele se encontra solitário e fragilizado, em sua mais aguda condição de homem, clama ao pai, perguntando por que Ele o abandonara (*Eli, Eli, lama lama asabthani*). Seu canto, pleno de relações intervalares de trítono, aparece sem as cordas, ou seja, sem a auréola.

A descrição de sentimentos também aparece, no período barroco, em peças instrumentais. Bach compôs uma peça exemplar a esse respeito, o *Capricho sobre a partida do irmão querido*. O título, *Capriccio*, faz alusão à pintura de sentimentos e, portanto, à imitação, à descrição musical dos eventos e sentimentos relacionados à partida do irmão. No primeiro movimento da peça, os amigos tentam convencê-lo a ficar. No segundo, há a descrição de todos os perigos a serem enfrentados. No *adagiosissimo* (terceiro movimento), Bach faz do motivo musical cromático descendente (chamado de *motivo da dor* ou *do choro*) a ideia principal que vai sendo variada em diferentes configurações, simbolizando o lamento dos amigos (Exemplo 20). O quarto movimento traz a sonoridade da trompa do carteiro, que vem com a notícia trágica, e a última parte constitui-se em uma *fuga*.

EXEMPLO 19 – J. S. Bach, *Paixão segundo São João*, 1974, p.135.

EXEMPLO 20 – J. S. Bach, *Capriccio sopra la lontananza del suo fratello diletissimo*, III, 1996, p.12.

Audição

Música descritiva

Entende-se por música descritiva a prática poética que incorpora em sua estrutura de agenciamento dos parâmetros musicais a ideia de imitação de sons ou ruídos do mundo cotidiano ou da natureza. Mesmo tratando-se de uma imitação convencionada, sua aparência sonora preserva as características principais do fenômeno imitado de forma que as referências sejam reconhecidas e que a fonte original possa ser identificada.

Considerada pelos teóricos e músicos formalistas do século XIX como música de pouco valor, de "fácil" audição, os adeptos desse pensamento reduzem o repertório descritivista a um único fim: a iniciação de ouvintes leigos. Estes aproveitariam os conteúdos extramusicais para poder penetrar nas estruturas musicais propriamente ditas, obtendo assim acesso a um mundo reservado a iniciados. A fruição estética, nessas condições, é qualificada pelos puristas como de segunda categoria, pois estaria sendo mediada por conteúdos extramusicais. Só depois de adquirir experiência nesse gênero, o neófito estaria "apto" a frequentar um repertório mais elaborado, composto por obras "puras", mais difíceis para um ouvido leigo.

Embora o procedimento descritivista seja realmente um facilitador da audição, não há razões para considerá-lo inferior apenas pelo fato de solicitar a participação da visão. Bach, Beethoven, Liszt e tantos outros compositores consagrados compuseram obras "menores" simplesmente por terem ultrapassado os limites de uma audição "pura"?

Além disso, se se examinam as bases teóricas que justificam a música descritiva, vê-se que ela encerra uma visão de mundo bastante consistente, independentemente do fato de se concordar ou não com ela.

Grosso modo, podem-se distinguir três momentos históricos em que o conceito de imitação da natureza apareceu com grande força: Renascimento, Barroco e Romantismo.

A essência do descritivismo musical renascentista e barroco

Do ponto de vista teórico, o período que compreende os séculos XVI, XVII e XVIII pode ser unificado em torno de uma grande linha de pensamento que congrega diferentes e contrastantes poéticas musicais: o pressuposto de que a arte imita a natureza. Esse conceito esteve baseado sobre alguns princípios comuns, herdados da tradição greco-latina e reinterpretados de acordo com os desenvolvimentos tanto da ciência quanto da música.

Um evento marcante no início do século XVI foi a publicação, em Veneza, da obra *Poética* de Aristóteles. Nela, o filósofo apresenta suas ideias a respeito da imitação (*mimesis*), atribuindo ao teatro a grande função de congregar as características miméticas da épica, da poesia ditirâmbica, da música instrumental e da dança. O agrupamento de todas essas modalidades artísticas se justifica pelo fato de que teriam, em sua natureza, os meios para imitar e suscitar nos espectadores o caráter ético, os sentimentos e as ações práticas dos seres humanos. Musicalmente, essa capacidade de imitar e expressar estados de ânimo é atribuída aos diferentes *ethos* que, por meio do ritmo, da melodia e do texto, pensados em sua indivisibilidade (*mousiké*), resultariam em um repertório musical classificado como ético, prático, moderado ou entusiástico, entre outros.

Ao lado dessa característica imitativa, à música era atribuída a capacidade de traduzir as relações entre o cosmo e o homem. Desde Pitágoras (século VI a.C.) as proporções matemáticas e musicais eram consideradas correspondentes às relações estabelecidas entre os planetas, de acordo com a Harmonia das Esferas. Apesar dos questionamentos científicos que, já no início do Renascimento, começavam a colocar em dúvida essa visão, a música manteve com a matemática uma relação tão sólida que outras artes, em especial a pintura, a tomaram como modelo.

A conjunção dessas tradições formou, no Renascimento, o conceito de arte como *imitazione della natura*. A crença inabalável de que a perfeição e a beleza do universo, feitas por um Deus artífice, eram expressas na natureza pelas estruturas matemáticas levou a arte a procurar os mesmos meios para atingir também a beleza e a perfeição. Assim, para os artistas que se ancoravam ora na ciência ora no simbolismo, imitar a natureza significava expressar o estado de ordem e de equilíbrio característicos do universo e do mundo natural. Aliados a esse pensamento, os laços estreitos que a música sempre mantivera com o texto foram renovados por meio de sua aproximação com um tipo de poesia que também almejava a expressão de imagens da natureza. Dessa junção, nasceria o gênero musical vocal que melhor traduziria o conceito de imitação da natureza: o madrigal.

A fusão da música com uma requintada e elaborada poesia, cujo modelo eram os versos de Petrarca, tornou o madrigal um campo de experimentações infinitas no qual as mais diversas possibilidades de relação entre texto e música foram desenvolvidas. O anseio de tornar a construção musical à altura da qualidade e beleza do texto conduziu a música a um figuralismo tão acentuado que o termo "madrigalismo" passou a significar, mesmo em épocas posteriores, qualquer procedimento descritivo.

A partir dos madrigais compostos por Adrien Willaert (1490-1562) e Cypriano de Rore (1515-1565), certos padrões compositivos se tornaram comuns: escalas ascendentes e descendentes para descrever movimentos físicos e espirituais; dissonâncias e cromatismos para expressar tensões emocionais; contrastes rítmicos para traduzir sentimentos ou situações opostas; andamentos lentos ou rápidos para simbolizar, respectivamente, os estados de tristeza e de felicidade; grandes saltos para descrever quedas; melismas para caracterizar elementos naturais tais como um rio ou o vento, entre incontáveis outras imagens.

Outros compositores de grande importância, que também compuseram madrigais, tais como Orlando de Lassus, Philippe de Monte, Luca Marenzio, Gesualdo e Monteverdi, ampliaram as possibilidades de relacionamento texto/música e transpuseram para outros gêneros vocais a poética descritivista.

No século XVIII, os avanços da Ciência e da Matemática só fizeram incrementar o conceito de música como imitação da natureza, apoiado agora em justificativas enfaticamente racionalistas. Instalada também em obras instrumentais, a ideia da música e da natureza como ciências "irmãs" por serem governadas pelas leis da razão ganhou o *status* de teoria e atraiu grandes músicos, literatos e pensadores iluministas para sua defesa.

O maior representante musical desse movimento é o francês Jean-Philippe Rameau (1683-1764), que trabalhou arduamente no ideal de construir um sistema que explicasse a música pela razão. Ao lado de sua indiscutível capacidade musical, ele foi um pensador que ousou discutir ciência e filosofia com matemáticos da envergadura de Bernouilli e Euler e com os enciclopedistas D'Alembert e Rousseau. Por meio de sua obra musical e teórica,[24] pode-se compreender sua concepção de música como ciência, como "espelho" da natureza, identificando o que vem a ser natureza para o homem do "século das luzes" e a maneira pela qual a música se prestaria ao desvelamento dessa natureza.

Profundamente devotado a Descartes, de quem toma toda a fundamentação epistemológica para sua teoria, ele se pergunta sobre as bases científicas da música. Sua investigação começa duvidando dele mesmo:

> Eu tentei cantar como se fosse uma criança que começa a cantarolar; examinei o que se passava em meu espírito e em meu corpo, e me pareceu que não havia nada que me determinasse a entoar preferencialmente um determinado som entre tantos outros que poderia entoar. Havia, na verdade, certos sons pelos quais os órgãos da voz e meu ouvido pareciam ter preferência, e isso foi minha primeira percepção. Mas essa predileção me pareceu efeito do hábito. Imaginei que em um outro sistema musical que não o nosso, com um outro hábito de cantar, a predileção dos órgãos vocais e dos sentidos poderia recair sobre um outro som. Concluí então que, por não encontrar em mim mesmo uma boa razão para justificar tal predileção e aceitá-la como natural, não devia tomá-la como princípio de minhas pesquisas ... Eu vi então que não encontraria o que procurava em mim mesmo e abandonei as convenções, apesar da autoridade e da força que elas têm nos assuntos de gosto, por medo de que elas me levassem a um sistema que seria talvez o meu próprio, mas que não seria o da natureza. (Rameau, 1980, p.66-7)

Percebe-se nesse relato a recusa da autoridade da tradição (hábito) como explicação dos fenômenos musicais e, de certa forma,

---

[24] Em 1722, Rameau publica o primeiro livro teórico de harmonia musical baseado em fundamentos acústicos e matemáticos. O nome do livro se explica a partir da compreensão do conceito racionalista de natureza: *Traité de l'harmonie réduite à ses principes naturels*.

do empirismo, por meio da constatação de que o sujeito é variável, exposto a circunstâncias determinadas e a erros. A observação e o procedimento empírico reteriam apenas o fenômeno sonoro enquanto aparência sensível, mas não atingiriam a essência inteligível do som. Para atingir essa essência, esse "sistema da natureza", Rameau funda uma teoria musical objetiva, na qual a música é um conjunto de fenômenos vibratórios que se vale de leis físicas objetivas e quantificáveis.

A música é uma ciência que deve possuir regras claras. Essas regras devem ser retiradas de um princípio evidente e esse princípio não pode ser conhecido sem o auxílio da matemática. (ibidem, p.51)

Como há leis mecânicas e ópticas, há também leis acústicas que regulam e tornam inteligíveis as relações dos fenômenos sonoros. "Não é suficiente sentir os efeitos de uma ciência ou de uma arte, é preciso concebê-los de maneira que se possa torná-los inteligíveis" (ibidem, p.52).

Tornar inteligível significa ser capaz de, racionalmente, construir uma música na qual o prazer da escuta está assentado sobre os fundamentos das leis acústicas que regulam e revelam a *natureza* do fenômeno sonoro. O conhecimento das leis harmônicas não atrapalha a emoção; ao contrário, dá-lhe um status civilizado, enobrece-a por meio da razão. O verdadeiro artista é aquele artífice capaz de fazer aparecer a verdade profunda dos fenômenos, apoiando-se em leis invariáveis e objetivas.

A arte é, então, o *artifício* que se impõe à natureza, forçando-a a liberar seus segredos. Um jardim à francesa seria mais "natural" que uma floresta virgem porque a natureza profunda, as relações geométricas calculáveis e invariáveis aí se encontram desnudadas, graças ao trabalho do artista. Estar no espetáculo da natureza significa ser capaz de desocultar as relações de ordem, proporção e equilíbrio que a sustentam.

Sobre essa concepção de natureza apoiam-se todos os procedimentos musicais descritivos. Assim, imitar o canto do cuco significa eliminar suas imperfeições e variáveis – sua aparência –, apresentando-o em sua essência acústico-matemática: uma 3ª menor. Esse seria o canto "natural" do pássaro, o qual o ouvinte é convidado não apenas a ouvir, mas a *conhecer* em sua essência.

O romantismo e o conceito de natureza

Um dos grandes opositores de Rameau e da estética racionalista francesa foi Jean-Jacques Rousseau (1712-1778). Seus embates com o compositor exerceram grande impacto e exaltaram os ânimos já acesos pela Querela dos Bufões.[25] Em suas críticas à forma de organização social e à concepção de "civilização" francesa apareceram elementos que iriam questionar o papel da razão como mediadora das emoções e como forma de conceber a natureza. Civilizar-se, para Rousseau, significava afastar-se de suas origens, da fonte dos verdadeiros sentimentos, e a arte, tal como a praticada pela sociedade francesa, era uma das grandes forças responsáveis pela "corrupção" das relações sociais.

Também na segunda metade do século XVIII, o movimento literário alemão Sturm und Drang (Tempestade e ímpeto) começava a introduzir uma concepção diferente de emoção e de natureza, contrária àquela racionalista. Não mais mensurável e ordenada, a natureza passou a ser considerada um lugar de contemplação, de confidências íntimas, no qual o homem, dotado de uma sensibilidade pessoal, satisfaria seu desejo de comunhão com a humanidade. Assim, a natureza – agora símbolo do particular e não mais do

---

25 Em 1752, uma companhia italiana denominada Les Bouffons apresentou em Paris a ópera *La serva padrona* de Pergolesi. Essa obra, tipicamente italiana, contrastava com a grande ópera francesa por sua simplicidade e espontaneidade. O tema – uma empregada que se torna patroa – e a exploração da musicalidade da língua italiana provocaram uma discussão sobre os estilos musicais francês e italiano. O contraste entre uma forma de expressão mais racionalizada, "civilizada", *versus* uma emotividade mais direta e espontânea, transformou-se em um embate estético cujo resultado sinalizou o aparecimento de uma sensibilidade que começava a reagir contra os preceitos clássicos.

universal – representa as emoções humanas em sua forma originária e "verdadeira".

Esses anseios românticos elegeram, no século XIX, uma expressão artística cujas características se assemelhavam àquela da natureza: a música. Capaz de minimizar a sensação de incomunicabilidade e solidão humanas, de acolher e expressar toda e qualquer forma de subjetividade, a linguagem musical passou a ser o modelo para as demais artes. O poeta, dramaturgo, esteta e historiador alemão Friedrich von Schiller (1759-1805), cuja "Ode à alegria" encontrou na *Nona sinfonia* de Beethoven a expressão máxima de seu lirismo poético e musical, descreve o significado da música para a alma romântica da seguinte forma:

> Há dois modos pelos quais a Natureza, sem a presença de criaturas vivas, pode se tornar um símbolo do humano: seja como representação dos sentimentos, seja como representação de ideias. Sentimentos não podem ser representados, de fato, *por seus conteúdos* [*Inhalt*], mas apenas por *suas formas*, e existe, em geral, uma venerada e autêntica arte que não possui outro objeto senão essa forma de sentimentos. Essa arte é a *música*, e não importa o quanto a pintura de paisagem ou a poética de paisagem procedam musicalmente, a música é uma representação do poder do sentimento e, consequentemente, uma imitação da natureza humana ... No entanto, o efeito total da *música* ... consiste em acompanhar e tornar perceptíveis os movimentos internos do espírito através dos externos ... Se o pintor de paisagens e o compositor penetrarem o segredo das leis que governam os movimentos internos do coração humano e estudarem a analogia existente entre esses movimentos do espírito e certos movimentos externos, eles deixarão de ser meros produtores de imagens para se tornarem verdadeiros pintores da alma. (apud Rosen, 2000, p.191-2)

Entre os inúmeros gêneros musicais que expressam esse conceito de natureza – *Lieder*, noturnos, romances sem palavras, peças de caráter, entre outros –, o mais representativo talvez seja o *poema sinfônico*. Forma máxima da música programática, o poema sinfônico pode ser descrito como uma obra instrumental baseada em uma narrativa poética ou em uma obra pictórica cuja fonte de inspiração é revelada ao público por meio de um programa (daí seu nome) ou cartaz afixado no *hall* da sala de concertos. Esse programa não tem a função de "ajudar" o ouvinte a reconhecer as passagens descritivas, isso é desnecessário e ingênuo. Sua existência se deve a um anseio muito mais profundo, típico da alma romântica: o encontro total entre compositor, obra e ouvinte. O programa revelaria e daria acesso aos movimentos afetivos e psicológicos nos quais o compositor estava imerso no momento de sua inspiração. O público teria, assim, facilitada sua almejada comunhão com a subjetividade do artista. Franz Liszt (1811-1886), criador do termo *poema sinfônico* e um dos maiores expoentes do gênero (escreveu doze *Poemas*), define assim a importância do programa:

> O programa tem por único fim fixar uma prévia alusão aos movimentos psicológicos nos quais se havia baseado o compositor para criar sua música. Se a produziu sob influência de determinadas impressões, deseja levar essas impressões sem tardar à plena e absoluta consciência do auditório ... O programa tem por objetivo indicar, de certo modo, a jurisdição intelectual da obra e servir de preparação das ideias e sentimentos que nela pretendeu personificar o músico. É ocioso, infantil e quase sempre falso estabelecer um programa tardiamente, posterior à obra instrumental, e pretender assim explicar o conteúdo da mesma, porque, em tal situação, as palavras destruiriam todo o encanto, profanariam os sentimentos e romperiam as tênues fibras da alma que precisamente se revela desta forma, dada sua inaptidão para exteriorizar-se mediante palavras, imagens e conceitos. Por outro lado, basta dizer que o maestro, como dono de sua obra, pode tê-la concebido sob a influência de impressões concretas e pode querer que o auditório tenha plena consciência delas. O músico-poeta, o autor de poemas sinfônicos, se impõe a missão de apresentar claramente uma imagem que tem gravada com toda a lucidez em seu espírito, ou uma série de estados de alma que tenham chegado à sua consciência com precisão e seguranças absolutas. Com que direito impediremos,

pois, que mostre um programa para facilitar a perfeita compreensão da obra? (apud Subirá, 1958, p.1344-5)

Dessa forma, a música programática não apenas descreve a natureza em seus aspectos externos – apresenta-a como algo interno, totalmente fundido à subjetividade a ponto de não mais ser possível representá-la, mas apenas expressá-la.

Esse foi um passo substancial em direção ao *leitmotiv* wagneriano, cuja força evocativa está baseada na indistinção entre natureza externa e interna de um único fenômeno, seja ele um objeto (uma espada, por exemplo), um elemento da natureza (um rio), um lugar imaginário (a morada dos deuses), ou um sentimento (sensação da morte).

O declínio do gênero, no século XX, pode ser atribuído à rejeição das ideias românticas e à sua substituição por noções de autonomia e autossuficiência da linguagem musical, para as quais muito contribuiu Eduard Hanslick com sua obra *Do belo musical*, escrita em 1854.

Ferrenho opositor à obra wagneriana e ao gênero programático, Hanslick afirma que a "representação do sentimento não é o conteúdo da música" e que

> cada um pode avaliar e designar o efeito de uma peça musical segundo sua individualidade, mas o conteúdo dela nada mais é do que as formas sonoras ouvidas, porque os sons não são apenas aquilo com que a música se expressa, mas também são a única coisa expressa. (Hanslick, 1989, p.155-6)

Com o intuito de mostrar a quantidade e a diversidade de obras consideradas descritivistas, selecionaram-se aqui títulos e compositores de diferentes estilos e épocas, agrupando-os de acordo com as imagens visuais presentes:

O canto dos pássaros e das aves: pode aparecer como simples onomatopeia ou como alusão distante, auxiliando, muitas vezes, a criação de um ambiente pastoril e campestre, de um amanhecer ou anoitecer, de uma estação do ano, entre outros. Procedimentos musicais mais utilizados: trinados, trilos, instrumentos de sopro, intervalos de 3ª menor (para o cuco), arpejos, motivos rítmicos curtos e repetitivos.

- Vivaldi (1678-1741): *Il cardelino*, de *As quatro estações*;
- J. Ph. Rameau (1683-1764): *A galinha* – peça para cravo solo;
- Claude Daquin (1694-1772): *O cuco* – peça para cravo solo;
- Beethoven (1770-1827): Sinfonia em Fá M, op. 68, *Pastoral*; apresenta três pássaros: o cuco, a codorniz e o rouxinol;
- R. Schumann (1810-1856): *O pássaro profeta*, de Cenas da Floresta op. 82;
- M. Moussorgsky (1839-1881): *Dança dos pintinhos na casca*, de Quadros de uma exposição;
- E. Grieg (1843-1907): *Passarinho*, de Peças Líricas op. 43.

O movimento do galope e do trote de cavalos: os procedimentos musicais mais usados são figuras rítmicas pontuadas em movimento constante, saltos e arpejos e, segundo o compositor russo Borodin, o trote dos cavalos é marcado por *pizzicati* dos instrumentos de corda.

- R. Schumann: *O cavaleiro selvagem* e *O cavaleiro*, do Álbum para a Juventude op. 68 e *Sobre o cavalinho de madeira*, de Cenas Infantis op.15;
- A. Borodin (1834-1887): *Nas estepes da Ásia Central* (poema sinfônico);
- J. Sibelius (1865-1957): *Cavalgada noturna* e *Amanhecer*.

A água: aparece sob a forma de tranquilidade (riachos, regatos, ondas) ou agitação, associado à força dos ventos (tempestades, trovões). Procedimentos musicais: trêmolo, trinados, figurações com repetidos movimentos ascendentes e descendentes no caso de ondas, uso de surdina nos instrumentos de corda, ou, no caso de águas agitadas, percussão, golpes de arcos, escalas rápidas:

- Vivaldi: *As quatro estações*. Os versos que acompanham o concerto A Primavera dizem: *E i fonte allo spirar de'zeffiretti / Con dolce mormorio scorrono intanto* (e as fontes ao sopro do zéfiro / com doce murmúrio correm entretanto). O correr da água é apresentado com notas rápidas que repetem alternativamente dois sons conjuntos que se deslocam até o agudo ou até o grave. *O Verão* apresenta uma tempestade de água e vento. *Tuona e fulmina il ciel e grandinoso / Tronca il capo alle spiche e a'grani alteri* (tronitua e fulmina o céu e o granizo quebra a cabeça das espigas e dos altivos cereais). No con- certo *O Inverno*, a água aparece sob duas formas: a chuva fria e os lagos e rios gelados;

- Haendel (1685-1759): *Música aquática*;
- Haydn (1732-1809): Oratório *As estações*;
- Beethoven: Sinfonia em Fá Maior, op. 68, *Pastoral* – 2º movimento, *Andante molto mosso*;
- Liszt (1811-1886): *Lenda de São Francisco de Paula andando sobre as águas, O lago de Wallenstadt, À beira de uma fonte, Jogos de água na Villa D'Este*. Nesta última, na parte central, há uma citação do Evangelho segundo S. João, 4-14, que diz: *Sed aqua quam dabo ei, fiet in eo fons aquae salientis in vitam aeternam* (que a água que eu darei seja uma fonte que salta para a vida eterna) (apud Dabini, 1972, p.27);
- Smetana (1824-1884): *O Rio Moldávia* (poema sinfônico);
- Debussy (1865-1918): *Diálogo do vento com o mar, La mer, Jardins sous la pluie* (3ª peça de *Estampes*), *Reflets dans l'eau* e *Poissons d'or* (de *Images*);
- Ravel (1875-1937): *Ondine* (de *Gaspard de la nuit*), *Jeux d'eau*. Como epígrafe desta obra, há um verso de Henri de Régnier: *Dieu fluvial riant de l'eau qui le chatouille* (Deus fluvial, rindo da água que lhe faz cócegas).

O vento: geralmente evocado por meio de escalas ascendentes e descendentes muito rápidas e glissandos, pode vir associado ao timbre dos instrumentos de sopro. No piano, os efeitos do pedal de sustentação (pedal direito) contribuem grandemente para a produção de uma sonoridade "esvoaçante".

- Rameau (1683-1764): *Suite Abaris* ou *Les Boréades*;
- Debussy: *Ce qu'a vu le vent d'ouest* (Prelúdios, livro I).

Sons mecânicos: também são frequentes no repertório instrumental e vocal, descritos por um movimento repetitivo de notas curtas.

Moinhos:
- Schubert (1797-1828): *A bela moleira* (série de *Lieder*), peça nº 2;
- Mendelssohn (1809-1849): *Canção da roca*, dos Romances sem Palavras, op. 67;

Relógios:
- Haydn (1732-1809): Sinfonia *O relógio*;
- Ravel (1875-1937): *A hora espanhola* e *A criança e os sortilégios* (óperas).

2
A unidade dos sentidos

Na primeira metade do século XX, a questão da correspondência das artes e, consequentemente, da unidade dos sentidos, trouxe para o terreno de suas discussões novos elementos. Entre eles, o principal se inscreve no âmbito das transformações das linguagens artísticas, que, fundamentalmente, procuraram se afastar do *pathos* romântico e dos antigos cânones normativos.

Nessa conturbada fase, a pintura e a música se aproximaram de forma bastante intensa, em busca de um objetivo comum: o rompimento com o figurativismo e com o tonalismo, respectivamente.

Além de Kandinsky e Schoenberg, considerados os grandes responsáveis pela "revolução" abstracionista e atonalista, outros artistas e outras poéticas também se alinharam na procura por uma nova e radical forma de expressão artística: Mondrian e Webern chegaram, por caminhos diferentes,[1] a uma arte resolutamente "abs-

---

1 Para Mondrian, a separação entre o "antigo" e o "novo" foi sempre evidente. Webern, ao contrário, considerava a música dodecafônica não como uma ruptura, mas como a continuidade de uma grande linha evolutiva do pensamento musical ocidental.

trata", na qual as formas "puras" compartilham com o silêncio o mesmo espaço perceptivo.

Futuristas italianos, unidos em seu culto à máquina, elegeram para o vocabulário de sua poética os termos "energia", "movimento", "ação", "aceleração", "dinâmica" e "intensidade", entre outros, para conclamar sua recusa à ideia de que as artes se correspondiam por meio de uma fruição íntima, contemplativa e subjetiva. Para esses artistas, é na funcionalidade e na objetividade do mundo moderno que tanto a sensibilidade quanto as linguagens artísticas podiam estar unidas. Marinetti, Balila Pratella, Boccioni e Carrà encontraram na orquestra *intonarunori*, de Luigi Russolo (1885-1947), a expressão do mundo moderno governado pela multiplicação das máquinas: o som-ruído, produzido por suas engenhocas, diametralmente oposto ao "som puro" dos instrumentos convencionais, é a concretização da arte do futuro. Sirenes, assovios, ronrons, rangidos, sons percutidos sobre metal, pedra e madeira, entre muitos outros, são, assim, o repertório de sons da música ruidista, única expressão musical capaz de unir, pela sinergia, o dinamismo da "nova" sensibilidade.

Essa sonoridade estridente, ligada à energia, ao movimento e à aceleração aparece, também, no futurismo soviético, com Alexander V. Mossolov (1900-1973), em cuja obra *O aço*, de 1928, há ruídos feitos com uma folha de metal, e com Vladimir M. Deshevov (1889-1955), famoso por suas composições para máquinas, tais como *Trilhos*, de 1926. Honneger (1892-1955) com *Pacific 231*, de 1923, e Eric Satie (1866-1925), com *Relâche*, de 1924, foram os representantes da cultura francesa nessa vertente.

Dadaístas, surrealistas e cubistas, para citar apenas algumas das inúmeras e diferentes tendências pictóricas desse profícuo período, também tiveram um estreito relacionamento com a música. Esta, por sua vez, trouxe para o âmbito de suas discussões alguns parâmetros e critérios de agenciamento estrutural e formal até então circunscritos ao domínio visual. O que antes era considerado apenas uma metáfora – a textura sonora de uma obra, ou a ressonância de um quadro, por exemplo – passou a ser uma forma de expressão legítima. As poéticas mais recentes, herdeiras desse movimento que rompeu os limites operacionais e perceptivos das diferentes linguagens artísticas, trouxeram novas formas de pensar o fenômeno da multissensorialidade.

Para que esse fazer artístico possa ser mais bem compreendido, deve-se examinar um pouco mais proximamente essa "nova" zona de confluência onde o pictórico abstrato e o musical se encontram, e trazer para a discussão os pontos de vista de algumas das vertentes da Psicologia e da Fenomenologia de Merleau-Ponty sobre as vivências sinestésicas.

Os sons e a corporeidade plástica

Em razão da herança deixada pelo romantismo (em especial por Schopenhauer), ainda hoje a música é considerada a mais abstrata de todas as artes por não ter um suporte concreto palpável e por seu modo de presentificação se valer do tempo, que também não deixa rastros físicos tangíveis. Essa condição de incorporeidade do mundo sonoro identificava-se, na poética dos compositores do século XIX, com uma concepção de mundo interno também caracterizado pela imaterialidade e volatilidade temporal. Para muitos desses compositores, o corpo era visto como um empecilho a ser transcendido em quase todos os seus aspectos materiais. Do ouvinte, esperava-se um abandono das contingências físicas, de forma que o "ouvido espiritual" pudesse ser atingido em sua plenitude. Do intérprete, demandava-se a superação de qualquer indício de sua luta com a matéria que remetesse o ouvinte à sua presença física. A relação de ambas as partes deveria se dar em um nível extracorpóreo, no qual o palco seria vivido como se fosse um altar, e o concerto como uma celebração metafísica. Dois músicos exemplares dessa poética foram Liszt (1811-1886), cujos *Estudos transcendentais* para piano por si só já confirmam suas intenções, e Wagner (1813-1883), que em seus dramas musicais almejou elevar a música à categoria suprema de obra de arte total (*Gesamtkunstwerk*).

Apesar de todos os esforços, o ideário romântico não conseguiu evitar que um aspecto imanente e fundamental, presente na linguagem e na fruição musicais desde o canto gregoriano até hoje, começasse a ser conscientizado: a corporeidade da textura musical.

O termo *textura*, considerado inicialmente como empréstimo das áreas visuais e táteis para cobrir as "deficiências" da terminologia musical em sua função de descrever fatos concretos (de novo a herança romântica!), com o passar do tempo tornou-se constitutivo do pensamento musical, dando acesso a um campo perceptivo existente e até conhecido, mas considerado de uso quase exclusivo de "eleitos e privilegiados": o campo dos cruzamentos sensoriais e das fusões sinestésicas. Seu significado, ao ser ampliado e ressignificado, legitimou-se.

Tecnicamente falando, a textura musical refere-se ao aspecto resultante da verticalidade de uma estrutura musical, ou seja, de como as partes ou vozes de uma obra são combinadas. Podem ser monódicas (o canto gregoriano, por exemplo), polifônicas (uma *Fuga*), homofônicas (melodia acompanhada), heterofônicas (uma espécie de uníssono desfasado com variações), ou mistas. Perceptivamente, no entanto, seu significado amplia essa descrição técnica e nomeia os atributos qualitativos dessas combinações: uma textura polifônica pode ser lisa, com vozes tendendo a uma certa estaticidade intervalar e sem muitas articulações, ou pode ser pontilhista, com muitas pausas e *staccatos*, por exemplo.

Corolário ao conceito de textura, está o de densidade. Este parâmetro composto (opera com mais de um som) indica a quantidade de elementos – poucos ou muitos sons ocorrendo em um determinado lapso temporal – presentes na superposição (densidade vertical) e na linearidade (densidade horizontal). A mesma textura polifônica lisa ou pontilhista pode ser densa ou rarefeita, por exemplo.

Pode-se pensar a textura também como a sensação produzida pelo dinamismo dos elementos presentes em um fluxo sonoro específico. Ela é uma qualidade e pode ser encontrada em parâmetros sonoros complexos: densidade vertical e horizontal, superfície e perfil, dinamismo e estaticidade, sensação de velocidade. (Ferraz, 1990, p.1)

A percepção da densidade e da textura envolvem a corporeidade tanto da obra quanto do ouvinte. A rugosidade e a granulação, por exemplo, presentificam imediatamente sensações táteis, visuais e auditivas relacionadas a uma superfície. A estrutura de uma trama – aberta e vazada ou compactada e impenetrável – remete à sua constituição corpórea. É a essa condição perceptiva, ontologicamente híbrida, que obras cujo aspecto textural foi realçado se destinam.

Historicamente, o "novo" conceito de textura musical começou a ser tematizado a partir, principalmente, das obras de Debussy (1862-1918). Em sua obra Jeux, para orquestra, a presença não apenas episódica ou "descritiva" mas estrutural de um pensamento textural pode ser considerada um marco (Ferraz, 1990).

Ao deixarem de ser elementos resultantes e secundários para se tornarem eixos formais e poéticos, a textura e a densidade instauraram uma forma de ouvir música que faz perceber obras de qualquer período ou estilo de uma maneira diferente. Não só determinadas poéticas contemporâneas cuja condição *sine qua non* de fruição está relacionada aos agenciamentos texturais, tal como a música eletroacústica, mas também procedimentos polifônicos renascentistas ou orquestrais barrocos ganham uma nova dimensão perceptivo-analítica. Se se pensar, por exemplo, no moteto a quarenta vozes de Tomas Tallis (c.1505-1585), *Spem in alium*, ou nos *Concerti Grossi* de Corelli (1653-1713), ver-se-á que a alternância das massas sonoras já estava sendo regulada pelos parâmetros densidade e textura. Pode-se, também, eleger esses mesmos parâmetros como critério de diferenciação da sonoridade de uma orquestra romântica e de uma orquestra impressionista: a primeira, mais densa e monolítica, e a segunda, mais arejada e pontilhista.

É interessante realçar que a notação gráfica evidencia e explora as diferentes possibilidades de construção de densidades e texturas por meio de uma analogia direta com o visual. Formas gráficas estriadas, "sólidas", estilhaçadas, explosivas, serrilhadas ou onduladas, entre inúmeras outras, levam, de imediato, a uma imagem sonora interna cujas características não precisam ser decifradas, sua simples visualização já as faz soar.

As artes plásticas e a música

Na perspectiva das Artes Plásticas, inúmeras são as poéticas que reconheceram a proximidade entre o fazer pictórico e o fazer musical. Percebe-se que tanto em suas obras quanto em seus escritos, três artistas em especial – Wassily Kandinsky (1866-1944), Piet Mondrian (1872-1944) e Paul Klee (1879-1940) – advogaram uma quebra das barreiras que separavam as duas áreas artísticas. Atributos que, tradicionalmente, pertenciam às *artes do tempo* começaram a ser pensados como elementos constituintes de suas linguagens pictóricas, e a se transformar em dados importante para a fruição destas.

As buscas desses três artistas se concentraram, do ponto de vista "musical", sobre os seguintes aspectos:

Temporalidade: não só o desejo de tornar visível as diversas temporalidades de uma tela, mas também o questionamento a respeito do "instantâneo" da visão. A consciência de que o espaço é, também, temporal e que as cores têm uma acústica aparece de forma explícita nas obras de Kandinsky, quando ele diz que uma linha é um ponto em movimento, ou seja, um ponto que dura. Klee e Mondrian foram atraídos por formas e gêneros musicais tais como a *fuga*[2] e o *jazz* por lhes trazerem uma vivência temporal "pura", ou seja, despregada de narrativas direcionais.

---

2 A estruturação de uma fuga é contrapontística e esta foi uma das procuras constantes de Klee. Nesse aspecto, vale lembrar que o termo contraponto significa *punctum* contra *punctum*, ou seja, que o ponto é ao mesmo tempo pictórico e musical.

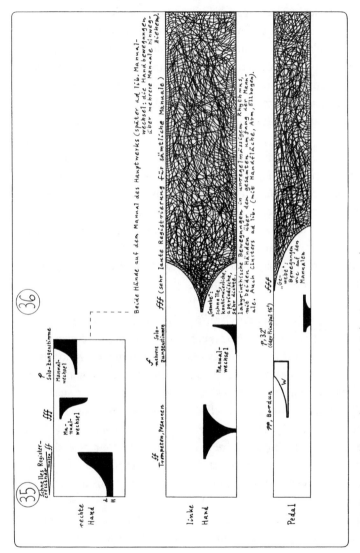

EXEMPLO 21 – *Volumina* de György Ligeti (1967, não pag.).

Corolária da temporalidade é a organização rítmica dos elementos pictóricos, não em sua proporcionalidade métrica, mas em sua vivência cinestésica, em sua capacidade de provocar no espectador vivências de movimentações e dinâmicas temporais semelhantes àquelas trazidas pela música. A atração de Mondrian pelos ritmos jazzísticos – sincopados e, de certa forma, desestruturantes –, pode ser conferida em inúmeras de suas obras (os *Boogie-woogies*, por exemplo).

Improvisação: característica principal de uma arte temporal, pois faz do instante seu suporte principal. A pintura se questiona sobre a possibilidade do "gesto único", sem volta, correndo o risco que os músicos já incorporaram em seus *métiers*. Embora ainda não se trate da *action painting*, o desejo de experimentar e de verificar as possibilidades de uma forma de "improvisação pictórica" já está presente nas obras desses três artistas. Os critérios para o agenciamento de formas, cores, contrastes e equilíbrios, por não dependerem mais de uma narrativa ou de uma representação, não são totalmente decididos *a priori*, vão se construindo à medida que o próprio material os solicita. Neste sentido, aparece o risco.

Abstração (não figurativismo): o anseio de libertar e emancipar a arte pictórica de suas amarras com a representação e com a narrativa talvez seja o traço mais evidente em Kandinsky, Mondrian e Klee. A forma pura, a cor como valor em si e o espaço como elemento temático e não mais como simples suporte estão entre suas principais buscas e a arte que mais lhes fornece subsídios para reflexões é a música. Kandinsky escreve, em *Ponto e linha sobre plano* (1923), que uma das distinções entre a arte "figurativa" e a arte abstrata está assentada sobre a sonoridade: "na primeira, a sonoridade do elemento 'em si' é velada, reprimida. Na arte abstrata, a sonoridade é plena e desvelada" (1997, p.45). Assim, vale observar que a música que os atrai é aquela defendida pelos formalistas, a "música pura". Kandinsky chega, literalmente, a recusar a música descritiva:

> Uma música programática concebida de maneira por demais estreita é a proa dos resultados a que se chega ao querer que a

linguagem musical reproduza efeitos que ultrapassam seus meios. Tais experiências foram tentadas ainda recentemente. O coaxar de rãs, a gritaria no galinheiro, o afiar de facas, são imitações dignas, no máximo, de um palco de variedades. Podem, a rigor, passar por uma brincadeira bastante agradável, mas devem ser banidas da música séria. Tais extravagâncias devem servir de exemplos, de advertências para todos os que tiverem a ideia de "reproduzir a natureza". A natureza tem sua linguagem própria, cuja ação sobre nós é irresistível. Tal linguagem não se imita. Evocar um galinheiro com os meios da música, para dar aos ouvintes uma impressão de natureza, é uma tarefa tão impossível quanto fútil. Cada arte é capaz de evocar a natureza. Mas não é imitando-a exteriormente que o conseguirá. Tem de transpor as impressões da natureza em sua realidade íntima mais secreta. (1996, p.58)

Ressonâncias acústicas: as sensações provocadas pelas cores, pelos elementos gráficos (ponto e linha) e pelas formas têm uma ressonância e podem ser descritas e combinadas a partir desse critério. Para Kandinsky, especialmente, as cores têm uma sonoridade ligada ao timbre dos instrumentos. Em seu livro *Do espiritual na arte* (1996, p.93-100), o artista descreve as nuanças das cores, suas intensidades e diferentes reverberações, colhidas aqui da seguinte maneira:

> Amarelo "potente", com elevado grau de atividade: trompete ou fanfarra estridente
> Azul claro: flauta
> Azul escuro: violoncelo
> Azul mais escuro: contrabaixo
> Azul muito escuro: sons graves do órgão
> Verde absoluto (estabilidade): sons amplos e calmos do violino, registro médio
> Vermelho claro quente (vermelho saturno): fanfarra na qual sobressai a trombeta
> Vermelho médio (vermelho cinabre): tuba
> Vermelho frio: sons médios e graves do violoncelo
> Vermelho frio claro: sons agudos do violino

Laranja: sino do ângelus, voz de contralto, viola tocando um *largo*
Violeta: vibrações surdas do corne inglês, da charamela, sons graves do fagote
Branco: silêncio absoluto repleto de potencialidades
Preto: silêncio eterno, pausa final, é a cor mais desprovida de ressonância.

Percebe-se que a ressonância das cores está ligada também ao andamento ("viola tocando um *largo*"), à textura ("fanfarra na qual sobressai a trombeta") e às pausas ("silêncio absoluto", "silêncio eterno").

Uma vertente mais recente, que merece ser comentada, é a do chamado "musicalismo". Em 1932, Henri Valensi, Gustave Bourgogne, Charles Blanc-Gatti e Vito Stracquadaini fundaram, em Paris, o grupo dos artistas musicalistas. Seu objetivo não era traduzir plasticamente nenhum dos atributos da liguagem musical mas revelar os ecos psíquicos da música no domínio visual. Para ser qualificada de "musicalista", uma obra pictórica deveria exprimir o dinamismo e o ritmo do espaço-tempo e produzir uma sensação de equilíbrio semelhante àquela que a harmonia musical realiza.

Embora a denominação musicalista identifique uma tendência, esta não chegou a se firmar como escola. Cada um dos seus integrantes desenvolveu uma linha pessoal bastante diferenciada. Bourgogne criou uma doutrina denominada *bleuisme*, na qual arte e ciência estariam em harmonia com a natureza, baseada em uma crença de que as ondas vibratórias seriam predominantemente azuis. Blanc-Gatti criou um método matemático de concordância entre as vibrações das cores e dos sons: as cores quentes – vermelho e laranja – corresponderiam às sonoridades graves, enquanto as cores frias – azuis e violeta – teriam sua correspondência nos sons agudos. Sua ideia de construir uma "Orquestra Cromofônica", em 1933, teve como objetivo a criação de um espaço no qual os efeitos luminosos se movimentassem em um perfeito sincronismo com as movimentações sonoras. De certa forma, Blanc-Gatti retoma as ideias de

Castel (1688-1757) e de Scriabin (1872-1915), só que com a tecnologia oferecida pelo século XX.

Sinestesias

Do grego *sýn*, reunião, ação conjunta + *aísthesis*, sensação, a sinestesia é definida como a mistura espontânea de sensações. É considerada um fenômeno perceptivo pelo qual as equivalências, os cruzamentos e as integrações sensoriais se expressam. A história dos relatos e investigações sobre a sinestesia data do início do século XVIII, mas só no século XIX começaram os estudos feitos por cientistas e fisiologistas (Marks, 1978). Observa-se que, também no século XIX, a literatura, as artes plásticas e a música se aproximaram das vivências sinestésicas como uma forma de expressão de um de seus mais caros objetivos: o encontro com a totalidade perceptiva.

No campo da pesquisa científica, são consideradas sinestésicas aquelas pessoas que possuem um funcionamento perceptivo especial, inato e involuntário, e por isso são uma minoria. Verificou-se que há uma enorme desproporção entre os tipos de sinestesia mais frequentemente encontrados. Descobriu-se, também, que a sinestesia opera em apenas uma direção, ou seja, os dois sentidos envolvidos não se evocam mutuamente: se o paladar remete à audição, esta não o provoca reciprocamente. Assim, são vinte pares possíveis de combinações entre duas modalidades sensoriais. Os casos mais raros são os que envolvem mais de dois sentidos, chamados de sinestesia múltipla. A maioria "esmagadora" de combinações sensoriais envolve a audição e a visão, mais especificamente o som e a cor.

Entre todos os sons do meio ambiente, os timbres da fala – especialmente as vogais – e dos instrumentos musicais são os que mais se associam à cor. Embora haja uma gama de variedades imensa, pois nem todos os sinestésicos experimentam a mesma correspondência entre sons e cores, há uma certa constância no que se refere à claridade da cor. Em relação às vogais, as correspondências são as seguintes:

/a/ – vermelho e azul
/e/ – amarelo e branco
/i/ – amarelo, vermelho e branco
/o/ – vermelho e preto
/u/ – azul, marrom e preto. (Marks, 1978, p.87)

Apenas como contraposição, Rimbaud (1854-1891), que se dizia sinestésico, em seu soneto "Voyelles" apresenta a seguinte correspondência:

A negro, E branco, I vermelho, U verde, O azul: vogais ...
(apud Lagarde & Michard, 1969, p.521)

Outras cores tais como o cinza, o verde e o violeta aparecem e o fator claridade dos matizes parece ser até mais importante que a cor em si, sobretudo nas correspondências com os timbres dos instrumentos. Os sons agudos são experimentados como claros, e os graves como escuros. Flautas e clarinetes teriam sonoridades claras; e contrabaixos e trombones, escuras.

Aliado à claridade, o parâmetro sonoro intensidade colaboraria para o aparecimento de uma sensação de corporeidade sonora, de volume plástico. Quanto mais forte for um som, maior é a sensação de preenchimento espacial, de voluminosidade. Se os sons forem graves (escuros), e fortes, sua corporeidade aparece como muito densa e pesada.

Se, do ponto de vista científico, essas são as situações sinestésicas mais frequentes, no campo das artes encontra-se uma variedade infinita de combinações. Passando pelas experiências artístico-científicas de Mersenne, Kircher e Castel que, em alguns pontos, já haviam descrito certas sensações que os testes em laboratório iriam corroborar, certas poéticas românticas fizeram das correspondências sensoriais o esteio de suas intenções.

O ideário romântico, com suas buscas de transcendência física e com seu anseio de atingir estados alterados de consciência – pela religião, pela metafísica, pelo cultivo da doença, pelas drogas ou pela arte –, considerou o fenômeno sinestésico como um estado perceptivo ideal a ser alcançado, uma espécie de nirvana sensorial no qual seria revelada a essência unitária do universo.

Na música, as poéticas mais explícitas são a de Wagner, cujas intenções de provocar a percepção total o levariam a criar a *Gesamtkunstwerk* (obra de arte total), e a de Scriabin, que pretendeu, por meio de sua música, participar do renascimento e da regeneração cósmica apregoada por certas correntes místicas do final do século XIX.

Na poesia, Baudelaire, Théophile Gautier, Gérard de Nerval e outros frequentadores do Club des Hachichins impregnaram suas obras com ambientes e experiências sinestésicas de forma que o leitor também pudesse compartilhá-las. Especialmente em Baudelaire (1821-1866), o termo *correspondances* tem uma conotação mística e simbólica, e lê-se, em seus *Novos comentários sobre Edgar Poe*, o seguinte:

> É este admirável, este imortal instinto do Belo que nos faz considerar a Terra e seus espetáculos como um vislumbre, como uma *correspondência* do céu. A sede insaciável de tudo que está no além e que revela a vida é a prova mais evidente de nossa imortalidade. É ao mesmo tempo pela poesia e através da poesia, pela e através da música que a alma entrevê os esplendores situados para além do túmulo. (apud Lagarde & Michard, 1969, p.431)

Influenciado por Baudelaire, Rimbaud levou às últimas consequências a "doutrina" das correspondências. Não só seu famoso soneto "Voyelles", mas toda a sua obra é plena de "alucinações" sensoriais que buscam algo além do nominável.

Essa sede por uma nova maneira de sentir e perceber encontra na figura de Des Esseintes, "herói" do romance *Às avessas*, de J.-K. Huysmans (1848-1907), a personificação do estado agudo de deliquescência, ou seja, o mal das épocas decadentes no qual se procura desesperadamente uma saída (o *spleen* baudelaireano). Des Esseintes, entediado, procura a excentricidade perceptiva para escapar de sua vida monótona por meio do cultivo de uma relação sinestésica entre a música e o paladar. Ele imagina um teclado gustativo, no qual se ouvem as sonoridades dos licores e bebidas alcoólicas. O curaçao corresponde à sonoridade do clarinete; a menta e o anis, à flauta; o kirsch, ao trompete; o kummel, ao oboé. Os licores beneditinos seriam as tonalidades menores, e o chartreuse verde seria a tonalidade maior (Lagarde & Michard, 1969, p.553).

Mesmo excêntrica, a ideia de misturar paladar e som já havia aparecido no século XVIII, quando o abade Poncelet (1755) imaginou um teclado gustativo. A nota *lá* teria um gosto azedo; o *si* seria insípido; o *dó*, doce; o *ré*, amargo; o *mi*, encorpado e marcante; o *fá*, austero e sóbrio; o *sol*, picante. Segundo ele, as dissonâncias e consonâncias viriam da combinação dos sabores e não das notas... (Marks, 1978, p.94).

Na primeira metade do século XX, inúmeros artistas plásticos foram seduzidos pela ideia de espetáculos multissensoriais, unindo a tecnologia dos órgãos coloridos e do cinema às suas produções não figurativas. O movimento e o ritmo, latentes nas telas, tornar-se-iam reais em espetáculos que ficaram conhecidos pelo nome genérico de *"son et lumière"*. É interessante reparar que, para esses artistas, o papel da música não era apenas ilustrativo ou interpretativo: a música era a realização concreta das reverberações, sonoridades, movimentos dinâmicos e rítmicos de uma tela, e sua fruição seria potencialmente sinestésica. Por isso, esses espetáculos foram saudados como uma nova forma de arte: a pintura em movimento. Entre os principais nomes desses precursores dos eventos multimídia, citam-se: Morgan Russel (1886-1953), Stanton MacDonald-Wright (1890-1972), Leopold Sauvage (1879-1968), Walther Ruttman (1887-1941), Hans Richter (1888-1976), Thomas Wilfrid (1889-1968), o criador do Clavilux, Oskar Fischinger (1900-1967), Mary Ellen Bute (1906-1983), Cecil Stokes (1910-1956), Frank J. Malina (1912-1981), John Whitney (1917-1995) e Harry Everet Smith (1923-1991).

Nas décadas de 1920 e 1930, a Universidade de Hamburgo realizou quatro congressos internacionais cujo tema – Cor e Música –

testemunhou a importância das pesquisas artístico-científicas a respeito dessa nova forma de arte. Artistas da Bauhaus, pintores musicalistas, cineastas, dançarinos, músicos, poetas e críticos de arte uniram-se a psicólogos para discutir o assunto que, até hoje, provoca criadores e público.

Museus importantes, tais como o Guggenheim e o de San Francisco, promoveram, nas décadas de 1940 e 1950, inúmeros eventos dessa natureza e, contemporaneamente, a variedade das proposições artísticas multissensoriais é tamanha que se torna impossível agregá-las em torno de algum suporte ou elemento comum. Desde os *happenings* dos anos 60 até a *body art, land art* e às instalações, percebe-se, cada vez mais, que as potencialidades sinestésicas do homem têm sido uma fonte inesgotável de inspiração e renovação artística.

No entanto, o fenômeno da multissensorialidade pode ser entendido de diversas maneiras. Detemo-nos, aqui, sobre os aspectos observados por algumas vertentes da Psicologia e da Fenomenologia de Merleau-Ponty.

O fenômeno da multissensorialidade

Algumas tendências da Psicologia ocuparam-se do estudo do fenômeno da multissensorialidade. Edward Lawrence Marks, em sua obra *The Unity of the Senses* (1978), resume essas tendências, basicamente, em três linhas que consideram a percepção e os sentidos segundo pontos de vista diferentes.

A primeira dessas perspectivas parte do pressuposto de que os diferentes sentidos podem perceber e informar-nos sobre os aspectos e características comuns presentes no mundo externo. O conceito de percepção está assentado sobre a crença de que os objetos, em si, encerram propriedades que se assemelham ou que se diferenciam, solicitando ora a união, ora a separação dos sentidos. O mais claro exemplo dessa concepção é o atributo *movimento*, presente em diferentes objetos e eventos, e que aparece como estímulo comum a diferentes canais sensoriais: visão, tato e audição.

Para Marks (p.12), essa vertente está inteiramente calcada no conceito aristotélico de *sensus communis*, isto é, na crença de que haveria uma função perceptiva cuja tarefa seria a apreensão dos atributos sensíveis comuns. Para Aristóteles, esses atributos são o repouso, o movimento, o número, o tamanho, a unidade e a forma. A tendência de igualar as modalidades sensoriais às qualidades dos estímulos apareceu nítida e cientificamente justificada quando Galileu (1564-1642) nomeou e separou as propriedades do mundo físico em qualidades primárias e secundárias. Por qualidades primárias entendemos as características ou propriedades das coisas em seu tamanho e forma, inseparáveis tanto em sua constituição quanto em sua percepção. Perceber essas qualidades primárias significa apreender seus aspectos físicos e mensuráveis: tamanho, forma, quantidade e movimento. John Locke (1632-1704) acrescentou mais uma: repouso. As qualidades secundárias, por não serem inerentes às propriedades físicas dos objetos e eventos, não são passíveis de mensuração. São, portanto, propriedades dos sentidos e referem-se à temperatura, à coloração, às sensações gustativas e olfativas. É interessante reparar que, nessa divisão, cada qualidade secundária é limitada a um único sentido, enquanto as primárias podem ser percebidas por mais de um sentido ou por todos eles.

As implicações epistemológicas advindas desse pensamento constituíram a base do empirismo histórico, e mantêm-se em algumas pedagogias musicais que acreditam haver um mundo externo de matéria e movimento que pode ser descrito em termos puramente físicos. Se há um conhecimento legítimo, ele se localiza no objeto e, para que o homem o alcance por meio dos sentidos, a correspondência entre o que "é" ou "está" e aquilo que é percebido deve ser exata. A união dos sentidos, nesse caso, tem o objetivo de confirmar que objetos e eventos existem em sua permanência e estabilidade. Se o movimento de algo foi apreendido pela audição e pela visão, por exemplo, os resultados devem ser coincidentes. Caso contrário, haveria um erro perceptivo, uma ilusão.

Baseados nessa crença, alguns pensadores musicais formalistas até admitem o cruzamento perceptivo, considerando que o funcionamento multissensorial só seja possível graças às correspondências estruturais encontradas nos objetos e eventos exteriores.

Nesse sentido, Hanslick aceita que a música possa "tentar pintar" algo externo a ela:

> A música só pode tentar imitar o fenômeno exterior, jamais o sentimento específico que ela nos provoca. Posso pintar musicalmente o cair da neve, o esvoaçar dos pássaros, o nascer do sol, porque produzo impressões acústicas análogas, aparentadas pela dinâmica desses fenômenos. Mediante a altura, a intensidade, velocidade e ritmo dos sons, proporciona-se ao ouvido uma figura cuja impressão acústica tem com a determinada percepção visual aquela analogia que pode existir entre sensações de natureza diversa. Do mesmo modo que fisiologicamente um sentido "vicariante" pode, até um certo limite, suprir um outro, assim também esteticamente uma impressão sensível vicária pode substituir uma outra. Já que, entre o movimento no espaço e o movimento no tempo, entre a cor, a finura, a grandeza de um objeto, e a altura, o timbre, a intensidade de um som, há o domínio de uma analogia bem fundamentada, pode-se de fato pintar musicalmente um objeto; mas querer representar com sons o "sentimento" que provoca em nós a neve que cai, o galo que canta, o relâmpago que lampeja, é simplesmente risível. (1989, p.50-1)

Uma segunda perspectiva no estudo do fenômeno da multissensorialidade pode ser considerada quase oposta à precedente por inverter os termos do problema, mas, na verdade, mantém-se dentro do mesmo âmbito, pois reafirma a separação entre mundo externo e mecanismos sensoriais de apreensão de suas características.

Em vez de considerar que as analogias estejam nas propriedades dos objetos e eventos externos, essa doutrina acredita que certas dimensões da experiência sensorial sejam similares ou idênticas em seus *modus operandi*. A possibilidade de correspondência entre os sentidos seria, então, um atributo do aparelho perceptivo.

Os atributos sensoriais análogos, denominados suprassensoriais por serem característicos de qualquer modalidade perceptiva, podem ser resumidos em: intensidade, qualidade, extensão e duração. Cada sentido teria, em algum grau, as sensações de *intensidade* (do muito fraco ao fortíssimo); de *qualidade* (cores diferentes, sons agudos ou graves, temperaturas quentes ou frias, gostos amargos ou doces, cheiros agradáveis ou rançosos, graus de maleabilidade ou rigidez); de *extensão* (do pequeno ao grande); e de *duração* (do breve ao longo). Algumas modalidades sensoriais seriam mais semelhantes entre si do que outras, como, por exemplo, o olfato e o paladar, que quase sempre atuam de forma fusionada.

A *intensidade* é qualificada como uma força subjetiva das mais salientes. Os sentidos conseguem perceber desde o mais discreto estímulo até sua mais intensa manifestação. Via de regra, diferentes modalidades sensoriais se combinam para responder aos estímulos de energia e essas equivalências parecem, para o sujeito, naturais. Um som forte, por exemplo, é percebido pela audição, pelas sensações somestésicas[3] e mesmo pela visão, que recorre à sensação equivalente à da intensidade da luz.

A noção de identidade entre os atributos de diferentes modalidades sensoriais foi desenvolvida pelo musicólogo Erich von Hornbostel, que, na década de 1920, afirmou:

> O essencial no sensório-perceptivo não é o que separa os sentidos um do outro, mas o que os une; une-os entre si; une-os à experiência total em nós próprios (inclusive à experiência não sensória); une-os, finalmente, à totalidade do mundo externo, que está aí para ser vivenciado. (apud Arheim, 1989, p.68)

Hornbostel introduziu, também, a ideia de que a *claridade* seria um atributo sensorial comum, corolário da intensidade. Inúmeras verificações mostraram que luzes intensas e sons agudos fortes são percebidos como claros e que sons graves são escuros. Sensações táteis frias e cortantes são claras; e as quentes, escuras.

---

3 Somestesia: conjunto de percepções corporais, sobretudo táteis, originárias de sensações físicas da pele, das vísceras, dos músculos e das articulações.

Os dois sentidos considerados "nobres", a visão e a audição, têm inúmeras possibilidades de cruzamentos sensoriais em virtude da percepção da intensidade e da claridade. Visualmente, a intensidade e a claridade descrevem as variações existentes entre o preto e o branco, enquanto a claridade auditiva identifica as alturas (frequências) combinadas com os timbres e com as intensidades. Quanto mais agudo e forte for um som, mais brilho e claridade ele tem. Se houver misturas timbrísticas, a claridade diminui.

A *qualidade* pode ser descrita como aquilo que une os diferentes sentidos no modo como cada um, separadamente, opera com seus estímulos. São maneiras específicas, porém presentes em todas as modalidades sensoriais, de classificar e representar a natureza de suas funções. Uma tabela de cores, por exemplo, é um atributo, uma qualidade da visão; os quatro sabores básicos contrastantes (salgado/doce, amargo/azedo) são qualidades do paladar. Mesmo parecendo óbvio que cada sentido tenha seus atributos, a qualidade é importante para a compreensão dos fenômenos sinestésicos: perceber um som colorido significa estar operando com qualidades cruzadas simultaneamente, por exemplo.

Além das sinestesias, a literatura pouco exemplifica como as qualidades poderiam operar em conjunção sensorial. Uma das dificuldades apontadas pelos experimentos que se valem de diferenciações semânticas para aferir os resultados é a conotação particular que as palavras podem ter para uma ou para outra pessoa. A concepção de qualidade de uma cor, por exemplo, pode não exprimir com fidelidade a qualidade sensorial dessa cor.

Os atributos sensoriais da *extensão* (tamanho) e da *duração* aparecem como característica de integrações sensoriais, pois cada sentido tem uma estrutura adequada às suas avaliações. Para perceber um tamanho ou uma duração, testes indicaram que duas ou mais modalidades sensoriais participaram conjuntamente para a obtenção do resultado, o que confirma que a extensão e a duração são atributos suprassensoriais.

Uma terceira linha de estudos, que define outra perspectiva sobre o fenômeno da multissensorialidade, está voltada para a definição das propriedades psicofísicas comuns.

Por psicofísica compreendem-se as relações funcionais entre as propriedades dos sentidos e as propriedades dos estímulos físicos.

O objeto de estudo da psicofísica é a interdependência entre o psicológico e o físico – o relacionamento entre sensações e respostas sensoriais de um lado, e as características dos estímulos físicos, de outro. Entre os inúmeros parâmetros aferidores dessas relações, há dois muito importantes, aplicáveis a qualquer modalidade sensorial: a sensitividade e a discriminação.

A *sensitividade* é a rapidez com que um órgão sensorial responde a um estímulo. As maneiras de conferir a sensitividade de uma modalidade sensorial consistem em verificar, por meio da energia característica do estímulo (energia luminosa, vibrações mecânicas ou elétricas, e energias químicas) e do grau de adaptação do órgão sensitivo a ela, a velocidade das respostas, seus limites e particularidades.

A *discriminação* refere-se à capacidade de detectar, comparando e selecionando, os estímulos (correspondência entre energia característica e modalidade sensorial – luz e olho, por exemplo) e os não estímulos (luz é um não estímulo para o olfato, por exemplo).

Entre as áreas que a psicofísica se propôs investigar está a percepção das sensações. Seriam elas mensuráveis? Na procura por respostas, a sensação da *intensidade* mostrou-se aplicável a todas as modalidades sensoriais – cada sentido tem uma estrutura capaz de reagir e de operar com a sensação da intensidade – e este se tornou um atributo considerado propiciador a cruzamentos e transferências intersensoriais.

Decorrente da intensidade, a questão da *variável temporal* apareceu como fator intrínseco às sensações: a acuidade de um órgão sensitivo depende da relação de intensidade e duração de um estímulo. Por exemplo, o tempo mínimo de separação entre dois sinais sonoros ou visuais é de vinte milissegundos, se se deseja que eles sejam percebidos como separados. Se a intensidade dos dois sinais permanecer invariável, a acuidade perceptiva aumenta.

Além das equivalências sensoriais entre a intensidade e a duração, há também um estreito relacionamento entre a intensidade e o *tamanho* do estímulo. Novamente, os resultados dos testes mostraram que, se o tamanho do estímulo se mantém invariável, a sensação da intensidade é mais bem aferida.

Assim, para a psicofísica, há processos sensoriais e propriedades de estímulos que, quando controlados, podem provocar respostas que comprovam a multissensorialidade.

Resta ainda um aspecto muito interessante a ser comentado: o simbolismo sonoro, cujas raízes podem ser explicadas pela psicoacústica.

O *simbolismo sonoro* na fala refere-se à possibilidade de os sons dos fonemas, separados ou combinados, evocarem experiências intersensoriais. Não se trata do caso das onomatopeias porque não são descrições sonoras de um referente também sonoro. O simbolismo sonoro entra em cena justamente quando sons e referentes não têm semelhança, quando o som da palavra expressa uma propriedade sensorial que o referente não tem. Por exemplo, a palavra "pá" tem uma claridade que não é atributo do objeto pá; a palavra "bom" tem uma sensação de circularidade e maciez que não necessariamente está relacionada a seu significado semântico.

Essa potencialidade que os sons da fala têm de conduzir a significados sensoriais visuais, táteis, gustativos e olfativos é explicada pela psicoacústica por meio da relação que se dá entre os constituintes físicos que envolvem a fala – sistemas vocal, ressonador e auditivo – e determinados elementos acústicos presentes na emissão das vogais – os formantes.

Os sons produzidos pelas pregas (cordas) vocais são modificados timbristicamente pelas amplificações e ressonâncias vindas das cavidades bucais, nasais e das posições da língua, maxilares e laringe. Diferentes combinações entre amplificação e frequência (altura do som) definem regiões formânticas que são responsáveis pela distinção das vogais.

Da diferenciação timbrística de cada vogal nasceriam sensações multissensoriais que os psicoacústicos creem ser universais, pois inúmeros testes em diferentes culturas mostraram resultados coincidentes. As constantes encontradas referem-se à *claridade*, muitas vezes associadas às cores, e ao *tamanho*, não necessariamente de objetos, mas presente na sensação de grandeza.

Em relação à claridade, as vogais têm uma ordem crescente de claridade, indo do timbre mais escuro ao mais brilhante, na seguinte sequência: /u/, /o/, /a/, /e/ e /i/. Quanto ao tamanho, a vogal /a/ evoca as sensações de expansão espacial e de tamanhos grandes, e a vogal /i/ a sensação de compactação espacial e de tamanhos pequenos.

Embora a psicofísica tenha trazido para os músicos, em especial para os compositores e estudiosos da música eletroacústica, uma grande contribuição a respeito das potencialidades e probabilidades de relacionamento intermodais, é preciso lembrar que a experiência do ouvinte com uma obra não é uma situação de laboratório: insuspeitas e incontroláveis formas de relacionamento perceptivo podem aparecer e nem por isso devem ser consideradas ilegítimas.

A ideia do ser sensível

O pensamento objetivo ignora o sujeito da percepção. Isso ocorre porque ele se dá o mundo inteiramente pronto, como um meio de todo acontecimento possível, e trata a percepção como um desses acontecimentos. Por exemplo, o filósofo empirista considera um sujeito X prestes a perceber e procurar descrever aquilo que se passa: *existem* sensações que são estados ou maneiras de ser do sujeito e que, a esse título, são verdadeiras coisas mentais. O sujeito perceptivo é o lugar dessas coisas, e o filósofo descreve as sensações e seu substrato como descreve a fauna de um país distante – sem perceber que ele mesmo percebe, que ele é sujeito perceptivo e que a percepção, tal como ele a vive, desmente tudo o que ele diz da percepção em geral ... [a percepção] não se apresenta como um acontecimento no mundo ao qual se possa aplicar, por exemplo, a categoria de causalidade, mas a cada momento como uma recriação ou uma reconstituição do mundo. (Merleau-Ponty, 1999, p.279)

Para que se compreenda o terreno a partir do qual a fenomenologia vai expor sua concepção de percepção e de sinestesia, é preciso contrapô-la às matrizes de pensamento racionalista que caracterizam as vertentes psicológicas anteriormente descritas.

Assim, a crítica que a fenomenologia faz aos psicofisiologistas inscreve-se, sobretudo, no âmbito de sua concepção de homem e de mundo, calcada no pensamento científico que reduz, tanto um quanto outro, a mecanismos recíprocos de produção e de reação a estímulos. Perceber, para a ciência, é operar em um mundo de coisas com propriedades fixas e inalteradas, é adotar uma atitude analítica que separa sujeito e objeto, impondo a ambos as condições "ideais" de constância e invariabilidade, nas quais o espaço e o tempo se tornam objetivos e universais.

O grande erro das psicologias de cunho cientificista, de acordo com a fenomenologia, está em considerar a sensorialidade como instrumento de registro de algo externo que é sempre igual a si mesmo, unívoco em sua manifestação. Para os adeptos desse pensamento, aprender a perceber significa retocar a figura percebida, discernir os objetos, identificá-los corretamente, apreciar sua distância, seu tamanho e seu peso, desconfiar e corrigir as ilusões. "O objeto, dirão os psicólogos, nunca é ambíguo; ele só se torna ambíguo por desatenção" (Merleau-Ponty, 1999, p.27). A função perceptiva teria como tarefa atomizar, ordenar e dominar o percebido, celebrando os órgãos dos sentidos ao mesmo tempo em que desacredita deles, denuncia suas fraquezas e imperfeições. A racionalidade e a objetividade da ciência, produtoras de uma tecnologia que se coloca como auxiliar e corretora das imperfeições, criam aparelhos capazes de "melhorar" o funcionamento dos órgãos sensitivos: ver e ouvir mais significa ver e ouvir com menos erros. "O empirismo ... não se ocupa daquilo que vê, mas daquilo que se deve ver segundo a imagem retiniana" (p.59). O ideal seria existir uma visão ou audição mecânica das coisas – esta seria a única, verdadeira e objetiva, confiável.

Decorrente dessa concepção está a crença metodológica pela qual se deve partir do simples até chegar ao complexo, do indiferenciado até o diferenciado e nítido. Para que algo adquira identidade perceptiva, o pensamento deve partir das impressões e sensações difusas, encaminhando-as para um grau crescente de especificidade e de destinação sensorial: o tato, a audição, a visão, o paladar e o olfato. Uma vez diferenciados, a unificação dos sentidos dá-se pela associação e síntese dos atributos comuns pertencentes ou ao objeto (doutrina das informações equivalentes) ou ao sujeito (doutrina dos atributos sensoriais análogos).

Para a fenomenologia, as bases da reflexão sobre o perceber são colocadas em outros termos; suas investigações não almejam resolver os problemas encontrados no campo da ciência, pois seu ponto de partida é oposto àquele do pensamento científico. Em vez de retirar o homem do mundo, tenta compreendê-lo em sua condição de ser/estar-no-mundo: homem e mundo estão entranhados um no outro ontologicamente.

> A fenomenologia é o estudo das essências, e todos os problemas, segundo ela, resumem-se em definir essências: a essência da percepção, a essência da consciência, por exemplo. Mas a fenomenologia é também uma filosofia que repõe as essências na existência, e não pensa que se possa compreender o homem e o mundo de outra maneira senão a partir de sua "facticidade". É uma filosofia transcendental que coloca em suspenso, para compreendê-las, as afirmações da atitude natural, mas é também uma filosofia para a qual o mundo já está sempre "ali", antes da reflexão, como uma presença inalienável, e cujo esforço todo consiste em reencontrar este contato ingênuo com o mundo, para dar-lhe enfim um estatuto filosófico ... é também um relato do espaço, do tempo, do mundo "vividos". É a tentativa de uma descrição direta de nossa experiência tal como ela é, e sem nenhuma deferência à sua gênese psicológica e às explicações causais que o cientista, o historiador ou o sociólogo dela possam fornecer... (Merleau-Ponty, 1999, p.1-2)

Assim, para o pensamento fenomenológico, a fisiologia dos órgãos ou a física dos estímulos – atomista e associacionista – não nos instruem sobre a experiência vivida e sobre o sentir. Este é anterior à ruptura do eu e do mundo, designando uma modalidade de relação que os liga e constitui reciprocamente. O sentir mantém a comunicação entre o eu e o mundo, modulando a totalidade que constitui sua simbiose.

O que temos no começo? Não um múltiplo dado com uma apercepção sintética que o percorre de um lado a outro, mas um certo campo perceptivo sobre fundo de mundo. Aqui nada é tematizado. Nem o objeto nem o sujeito são *postos*. No campo originário, não se tem um mosaico de qualidades, mas uma configuração total que distribui os valores funcionais segundo a exigência do conjunto... (ibidem, p.324)

O que é sentido não é uma experiência da vista ou da audição, é uma visão e uma escuta do mundo e isso implica coexistência e comunhão. A sensação e o sentir são uma modalidade da existência e não podem, por isso, se separar do mundo.

No sentir, não há diferença entre sensação e percepção. A sensação não é um primeiro estágio da percepção, um ato inaugural do conhecimento e ela não procede de atos de uma consciência da qual o analista pode desembaraçar os fios intencionais – ela pertence ao mesmo tempo ao sentiente (aquele que sente) e ao sentido, ao corpo e ao mundo. A cor não está no meu olho que a projeta sobre a coisa; ela não está na coisa que a envia ao olho – ela é um evento entre o olho e a coisa: "o que nós temos já no começo é um certo campo perceptivo cujo fundo é o mundo – já é um percebido, de forma que o que se chama de sensação já é uma percepção" (Dufrenne, 1991, p.31). A sensação é um evento do sensível – eu não sou um sujeito sensível, sou o sensível porque também sou mundo. "O sujeito da sensação não é nem um pensador que nota uma qualidade, nem um meio inerte que seria afetado ou modificado por ela; é uma potência que conasce em um certo meio de existência ou se sincroniza com ele" (Merleau-Ponty, 1999, p.285). A sensação não corre o risco de ser tomada como expressão do subjetivismo, pois não fecha o ser nela mesma – ela o coloca no mundo e traz consigo o conceito de intencionalidade da consciência.

A intencionalidade da consciência não significa volição, desejo ou intenção. É uma condição de relacionamento no qual uma consciência não opera separada de um objeto, ela não funciona em si, é sempre consciência de algo. Algo só é algo para uma certa consciência, ou seja, uma obra é tal obra por causa de tal percepção, e uma percepção é tal percepção por causa de tal obra. A simbiose existente entre o eu e o mundo está, assim, entranhada na intencionalidade de uma consciência e a unidade do mundo reside no que essa consciência visa, do que se dá através dos registros do sensível: um objeto pode ser ao mesmo tempo pesado, rugoso, volumoso, colorido e barulhento. Sua unidade não é produto de uma atividade unificadora, realizada por uma consciência, mas é a própria realização das coisas enquanto elas são sentidas e sua diversidade é experimentada como manifestação da totalidade estrutural do mundo (Frayze-Pereira, 1984).

Por sensível, a fenomenologia designa aquilo em relação ao qual não há recuo nem afastamento, aquilo sobre o qual não se pode achar um único ponto de vista. É nele que se prova a presença, uma presença sem distância, na qual o contato implica fusão, a exemplo de uma experiência estética, campo privilegiado do sensível. O sensível é o aparecer do originário, sua vinda à presença. Esse sensível imediato, que não comporta nenhuma mediação, nenhum distanciamento, é um mesmo tecido no qual são tramados, talhados e formados o sentiente (aquele que sente) e o sensível. A familiaridade entre o sentiente e o sensível se deve ao fato de que há, no sentiente, uma pré-possessão do sensível, ao mesmo tempo em que, reciprocamente, o sensível penetra e repercute no sentiente para se realizar nele.

Aqui, aparece o princípio de reversibilidade: o vidente é também visível, ele pode ser visto por ele mesmo ou por outro. O tato é tangível e tocado: quando as mãos se entrecruzam, não se pode dizer qual mão é tocante, qual é tangível; o tato não está nem em uma nem em outra mão, está entre elas. O ouvinte é também audível e pode ser ouvido por ele mesmo ou por outro, ambos pertencem ao campo do audível. É nessa reversibilidade que me dou conta de que a sensorialidade do outro está ontologicamente implicada na minha.

O mundo sensível envolve todos os registros sensoriais – uma totalidade que não é a soma do corpo material nem dos fatos psíquicos. O visível e o audível são dimensões do sensível, que chamam e forçam a audição e a visão, e ao qual o olho e o ouvido respondem. Mas, no ver e no ouvir, o corpo todo dá assistência ao olho e ao ouvido, para que o sentiente possa, como diz Merleau-Ponty, *esposar* o visível e o audível.

Ao mesmo tempo em que essa unidade/totalidade do sensível aparece para o sentiente, a especificidade, a vocação de cada registro sensorial não é negada. Pensa-se o corpo inteiro como engajado no funcionamento de cada um dos sentidos – o surdo pode ter perdido o uso de seus órgãos, mas seu corpo continua investido da dimensão sonora, ele não deixa de escutar o mundo, não é totalmente surdo. Quem tem seus órgãos auditivos funcionando perfeitamente não pode extrair de sua experiência global apenas o que é experiência puramente auditiva de um mundo puramente sonoro – é seu corpo inteiro que se comunica com o mundo inteiro. O que é sentido não é uma experiência da vista, é uma visão do mundo, pois a vista não se restringe ao olho. Assim, cada um dos registros sensoriais não é pensado como órgão/objeto, mas como designador de uma modalidade de relação que liga o eu ao mundo.

Evocar o sensível situa a reflexão no mundo do vivido e é sobretudo na experiência estética, na análise do sensível, que se pode, a nós mesmos, interrogar sobre a unidade dos sentidos. O sentir estético não se identifica com o saber objetivo que situa o território perceptivo no tempo e espaço universais, e se afasta da abordagem tradicional que se vale de categorias formalistas ou empiristas.

Vê-se que, a partir do Renascimento, a estética ocidental foi orientada para uma acuidade auditiva e visual que condena o indistinto e exalta a precisão, a objetividade da representação e da afinação dos sons pelo temperamento igual.[4] A música conquistou o

---

4 O temperamento igual é um sistema físico-matemático que uniformiza a afinação dos sons de forma que cada um tenha uma medida exata. Em uma 8ª, os doze semitons têm a mesma medida, o que não acontece na afinação

sonoro a partir do "ruído" em direção ao som limpo, afinado e justo, possibilitando o desenvolvimento do pensamento tonal. A visão tem sua objetividade conduzida em direção à conquista da perspectiva, considerada como o "verdadeiro" domínio do espaço. É como se as artes pudessem abstrair do visual e do auditivo a pura visibilidade e audibilidade, pelas quais o sensível chegaria ao conhecimento. Esse poder de abstração, em termos musicais, foi teorizado tanto por Rameau (a essência racional do mundo sonoro), quanto por Hanslick (a procura da "pura" audibilidade). Nas artes pictóricas, esteve assentado sobre a teoria da visibilidade, que transformou a visão em um agente ordenador e conquistador da nitidez, passando do "confuso" ao uniforme e ensinando ao espectador uma visão "correta" das coisas do mundo.

Para o pensamento objetivo, o que incentiva a visão e a audição é a vontade de saber, concebida como poder sobre algo: ver ou ouvir não é apenas perceber, é ler, e a leitura implica o aprendizado e o domínio do código e da técnica. A interpretação do que se oferece aos sentidos é denominada de "leitura", implicando ao mesmo tempo um julgamento e um saber. Assim como um médico lê um exame e ausculta um paciente, lê-se uma obra de arte: o olho e o ouvido sábios vão diretamente à significação, à informação. Esse olho ou ouvido atento não é mais o órgão do ser no mundo, ele não visa mais ao mundo vivido, mas ao universo concebido, o campo ilimitado da universalidade. Abstraído de sua condição de ser no mundo para atingir a objetividade, o olhar/escutar puro não procura uma coisa do mundo, mas um objeto epistemológico, circunscrito, determinado, e, às vezes, pré-fabricado no contexto de uma pesquisa à qual ele deve dar uma resposta precisa a uma questão também precisa. Entre ver/ouvir e saber, há uma reciprocidade: é preciso ouvir/ver para saber mas também é preciso saber para ouvir/ver.

---

natural. Teoricamente, o temperamento igual já era postulado desde o século XVI, mas foi no século XVIII que sua realização plena se impôs. Rameau e C. Ph. E. Bach (1714-1788) recomendavam vivamente o abandono das afinações desiguais e a adoção do temperamento igual.

Além de provocar o saber, uma obra de arte também deve esclarecê-lo, demonstrá-lo, fazendo aparecer uma articulação que revele a essência objetiva da coisa representada e o esquema de seu funcionamento: é o conceito de imitação da natureza descrito por Rameau. A "ideia" ou a paisagem representada são destinadas a um visível/audível que remete não aos sentidos do corpo, mas aos do "espírito", capaz de apreendê-las de forma inteligível e nítida.

Mas, para a fenomenologia, a visibilidade e a audibilidade nunca podem ser puras. Não há uma qualidade acústica elementar como matéria primeira para uma atividade objetivante. Nós não construímos o objeto, ele se oferece a nós diversamente, em sua riqueza e em sua unidade, e a percepção vai diretamente a ele. O sensível se dá a sentir – está sempre já dado –, os sentidos não o constituem como tal. Mesmo sua pluralização (sua distribuição em diferentes registros sensoriais) não é o efeito da pluralidade de seus aparelhos sensoriais. É o sensível que constitui os sentidos: o visível solicita a visão; o audível, a escuta. Não há um visível que preexista à visão, nem é a função que cria um órgão subordinado aos estímulos: há um paradoxo constitutivo que faz que, ao mesmo tempo, os sentidos sejam solicitados pelo sensível e o sensível se dirija aos sentidos que lhe respondem. Entre sensível e sentidos há uma afinidade primordial, uma reciprocidade que não é dialética porque não há lugar para uma superação.

É por isso que a obra de arte é considerada por Merleau-Ponty o campo no qual o sensível se dá com maior plenitude. Apesar de, teoricamente, a produção artística ocidental até o século XIX ter se orientado por um pensamento prioritariamente objetivante, a obra de arte tem o poder de fazer o receptor reencontrar-se com o "campo originário" do sensível. A arte reconduz o indivíduo a esse campo, convidando-o a se perceber fazendo parte de um tecido no qual o objeto estético é também parte. Olho e ouvido se misturam àquilo que percebem, sem se distanciar do mundo, solicitando o corpo integral em suas experiências, e o indiferenciado – o que está antes da diferenciação – também pode ser reencontrado como algo que ultrapassa a diferenciação.

Tangível, audível, visível – é sempre nas espécies do sensível que o mundo me é presente. Jamais como um em-si intocável, nem aquilo ao que o saber os reduz. Tudo começa com o sensível, e pensar nele é pensar antes dos sentidos, antes de uma diferenciação que promove no organismo os sentidos do tato, do paladar, da audição, do olfato e da visão. "Assim como, no interior de cada sentido, é preciso reencontrar a unidade natural, faremos aparecer uma 'camada originária' do sentir que é anterior à divisão dos sentidos" (Merleau-Ponty, 1999, p.306).

Se se admite uma unidade primordial do sentir e uma indiferenciação também primordial do sensível, o termo sinestesia perde sua função restritiva de qualificar apenas alguns seres humanos dotados dessa capacidade: para a fenomenologia, todos somos potencial e ontologicamente sinestésicos.

A visão dos sons ou a audição das cores existem como fenômenos. E eles não são nem mesmo fenômenos excepcionais. *A percepção sinestésica é a regra*, e, se não percebemos isso, é porque o saber científico desloca a experiência e porque desaprendemos a ver, a ouvir e, em geral, a sentir, para deduzir de nossa organização corporal e do mundo tal como o concebe o físico aquilo que devemos ver, ouvir e sentir. (ibidem, p.308, grifos da autora)

Isso não quer dizer, no entanto, que, por um adestramento dos sentidos, pela soma ou cooperação destes, se chega a uma homogeneidade associacionista. Longe da ideia de lidar com a unidade do múltiplo, com a solidariedade dos órgãos que regulam o equilíbrio e asseguram o funcionamento do todo, como faz a ciência (corpo/máquina ou corpo/sistema), a fenomenologia propõe pensar a sinestesia a partir da totalidade do vivido. Ao mesmo tempo, o objeto não é percebido como um produto de síntese, na qual as equivalências sensoriais tenham sido efetuadas: ele se oferece como uno, antes de ser submetido ao exame dos vários sentidos. A coisa deve sua unidade ao seu pertencimento à camada original do sensível, antes que se definam as diversas qualidades que solicitarão os diferentes sentidos.

Merleau-Ponty utiliza o termo "comunicação" dos sentidos para definir a condição sinestésica: "Os sentidos se comunicam entre si e abrem-se à estrutura da coisa. Vemos a rigidez e a fragilidade do vidro e, quando ele se quebra com um som cristalino, este som é trazido pelo vidro visível" (1999, p.308). Comunicação não é simplesmente associação, é interpenetração, troca, e é dessa forma que a percepção se abre à coisa: ela se anuncia primeiro em sua unidade, sem ter que ser constituída ou reconstituída a partir de um diverso. Esse diverso sensorial pelo qual ela se manifesta já é unificado pelo fato de ela ter sido talhada no sensível e de ser transportada por ele.

Quando o vidro visível evoca a sonoridade cristalina, há, antes da divisão entre visível e audível e de sua articulação em um sistema, o fundo indiferenciado no qual ambos ainda não se distinguem um do outro. Mesmo quando já estão distintos, podem voltar novamente à camada originária do pré-sensível e pressentir o fundo. Assim, a percepção é naturalmente sinestésica porque ela é primeiramente pré-estésica: o sensível não se refere ainda aos sentidos específicos.

A percepção que surge desse fundo pré-estésico revela um sujeito que não é ainda diferente nem diferenciado, seu corpo é um "corpo sem órgãos ou é um corpo todo-órgão" (Dufrenne, 1991, p.120). Pode-se dizer que a fragilidade, a rigidez, a transparência e o som cristalino de um vidro traduzem uma só maneira de ser porque essas qualidades se confundem, antes, no fundo do sensível ou no sensível como fundo, lá onde o vidro como coisa se enraíza, de onde seu aparecer surge. Como a unidade da coisa é pré-estésica, seu desabrochar requer a plenitude de minha presença: eu me deixo fazer pelo objeto, eu deixo meu corpo se liberar a ele pelo fenômeno da sinergia, como "todo-órgão".

É esse o convite que a obra de arte faz a seus espectadores, ouvintes ou participantes. É em nosso corpo sinestésico que ela se recolhe, habitando-nos poeticamente para revelar nossa experiência de mundo e nossa experiência de ser no mundo com a obra.

3
György Ligeti e o ouvido vidente

As razões para a presença da poética composicional de György Ligeti neste livro são muitas. Objetivamente falando, entre os compositores do século XX ele foi um dos que mais se preocupou com as questões da recepção sonora – suas obras buscam se aproximar do ouvinte de uma forma direta, global, sem mediações de teorias ou pressupostos ideológicos. É um convite a experiências auditivas mais intuitivas, no qual mesmo as pessoas não muito habituadas ao repertório contemporâneo se sentem incluídas.

A maneira como Ligeti abordou as questões auditivas não implica espécie alguma de concessão a procedimentos ou fórmulas restauradoras que seduzem o ouvinte pela aparência "modernosa", mas que no fundo não passam de pastiches sem significado estético. Sua opção pelo "corpo a corpo" perceptivo provoca indagações cruciais para o ouvinte, que se vê levado a reavaliar o significado de certas posturas em seu relacionamento com uma obra. Situações de estranhamento, de prazer ou desprazer, de presença ou abandono de seus preconceitos, de integração e ampliação de sua história perceptiva, entre outras, remetem o receptor a situações que envolvem a fruição estética em todas as suas implicações existenciais. O uso de suas composições (trechos de *Lux Aeterna*, de *Atmosphères*, de *Aventures* e do *Requiem*) no filme *2001, uma odisseia no espaço*, de Stanley Kubrick, foi, nesse aspecto, bastante apropriado.

Também do ponto de vista histórico a sua poética se inscreve como um marco inovador. No momento em que os compositores europeus se debatiam entre os possíveis caminhos a serem trilhados para resolver o impasse provocado pelo esgotamento da vertente serialista, Ligeti mostrou que seria possível compor acusticamente sem que fosse preciso resgatar o pensamento tonal ou qualquer outro historicamente datado. Sua produção esteve sempre endereçada ao homem contemporâneo, que convive tanto com as ciências dos fractais e da teoria do caos quanto com as formas de pensamento de culturas pré-tecnológicas.

Um último aspecto importante a ser considerado objetivamente é o fato de que Ligeti, mesmo não sendo adepto de nenhuma corrente descritivista, programática ou cênica, admitia que a audição fosse um complexo psíquico-emocional ontologicamente híbrido e sinestésico. Além de alguns títulos de suas composições que apontam para essa condição, e de entrevistas nas quais comentava esse assunto, é a própria organicidade de suas obras que provoca no ouvinte a consciência da multissensorialidade.

Este é o desafio a ser investigado: como o compositor suscita, por meio de uma música "pura", isto é, concebida apenas com sons, uma audição "impura"?

Ouvir ligetianamente

Éjszaka [Noite], obra vocal *a cappella* de 1955, atrai pela estranha beleza de um cânone supercerrado, dissonante e difícil. A impressão inicial, confirmada depois com a experiência e familiaridade com outras obras do compositor, é a de que um ouvido vidente, sinestésico, onipresente e que opera com paradoxos constantes existe em todos nós, esperando para ser descoberto e desenvolvido.

Tomando *Éjszaka* como exemplo inicial, percebe-se logo que essa é uma obra que se propõe a ser usufruída, simultaneamente, a partir de todas as posições espaciais e com todos os relevos auditivos possíveis. Dentro do coro, como cantor ou como regente; distante dele, na plateia; à esquerda, à direita, no centro, na frente ou atrás, não importa o lugar onde cada cantor/ouvinte esteja, a sonoridade chega sempre completa.

Muito instigante também é o fato de que, diferentemente de outros, as partes desses cânones não se somam para depois resultar em um todo parece que eles já vêm prontos desde a primeira nota, dando a impressão de que, se se retira para análise qualquer um dos compassos, tem-se ali não um trecho da obra, mas seu emblema.

Além disso, a construção de um bloco sonoro extremamente denso, um empilhamento de intervalos de 2ª, leva a perceber que, apesar da movimentação rítmica e melódica de cada uma das vozes (uma escala de dó maior ascendente, com motivos rítmicos pontuados complementares), o conjunto parece não se mover, "permanece".

Mas a maior "contradição" vem do fato de existirem linhas melódicas que não são ouvidas como tais: o bloco "traga" todos os sons para dentro de si, como se fosse um poderoso ímã, e não lhes dá a menor chance de aparecer. Daí um paradoxo: como presentificar algo objetivando seu desaparecimento? As vozes estão, portanto, presentes e ausentes, ao mesmo tempo? Vale a pena se esforçar para ouvir algo cujo destino é ocultar-se?

Ao encurralar o ouvido com tantos paradoxos, Ligeti "forçou" o aparecimento de outra postura perceptiva. Nesse momento, começa-se a perceber que, além da audição, há outros sentidos participando dessa experiência perceptiva. Como explicar que essa "massa" sonora tenha um corpo, uma densidade, uma textura, uma presença visual e uma espacialidade senão pelas sensações globais e totais de nosso corpo?

É exatamente neste ponto que se evidencia a superação da ideia de que uma escuta puramente sonora exista. Longe das polêmicas do século XIX, que, de maneira geral, o repertório contemporâneo já demonstrou terem sido ultrapassadas, a questão crucial seria

EXEMPLO 22 – Ligeti, *Éjszaka*, compassos 1-5 (1955, p.1).

aceitar o fato de que a percepção musical não se restringe apenas a ouvir sons. Trata-se de uma nova forma de conceber o ouvir, que abrange uma série de cruzamentos e transferências dos domínios sensoriais: imbricam-se, contaminam-se e misturam-se diferentes modalidades perceptivas tais como as sensações visuais, táteis, corporais, cinestésicas (de movimentos), entre outras, de modo que a polissensorialidade aflore em sua totalidade. É justamente essa a condição de escuta que Ligeti propôs de forma clara e assumida para seus ouvintes: a escuta da percepção em todas as suas formas de comparecimento.

A afirmação de que suas obras estão repletas de elementos extramusicais (Michel, 1995, p.38-9) precisa ser lida com cuidado. Pensar que algo seja extramusical revela uma concepção divisionista das funções perceptivas, reafirmando tanto o ponto de vista hanslickiano quanto o de teorias referencialistas. É considerar que o "extra" é aquilo que vem se somar aos sons, mas que mantém sua condição de elemento excedente, como se fosse uma incrustação malfeita. Apenas justapostos, pois destinar-se-iam a funções sensoriais distintas, o som e o elemento extramusical permaneceriam impermeáveis e imunes a qualquer possível fusão ou síntese perceptiva. Se, no entanto, o ponto de partida for a crença de que a percepção opera de forma plurissensorial, a ideia de que algo seja extramusical se torna incoerente e inútil.

Como eu tenho uma predisposição sinestésica marcada – eu quero dizer uma tendência para associar sons, estruturas, cores, formas, palavras também, números e outras coisas semelhantes – a literatura, a pintura e também a vida cotidiana, o sentimento da vida, desempenham um papel muito importante em minha representação musical do mundo. Eu reflito, é claro, em termos puramente musicais, mas não escrevo música purista. Todos esses estratos coexistem de uma maneira ou de outra. (Lichtenfeld, p.49, 1984)

Outro aspecto dessa mesma questão está relacionado ao contato direto, não mediado, que Ligeti admitiu ter com a experiência auditiva. Em inúmeras entrevistas, ele reconheceu que sua relação de proximidade com a matéria sonora sempre foi primordial e que, talvez por isso, fosse considerado um compositor intuitivo,[1] que "ouvia" o material antes de qualquer coisa. A Clytus Gottwald (1987, p.221) ele afirmou:

> Não há nada de abstrato em minhas composições. Eu não parto de um processo reflexivo ou de um método de pensamento qualquer, minhas reflexões são imediatamente ligadas à minha concepção musical. O elemento construtivo jamais é abandonado, ele está sempre presente e nunca se torna abstrato, é pensado sempre com o fenômeno do som.

A construção à qual ele se referiu é justamente o "corpo a corpo" com a matéria, o diálogo com os elementos musicais em seu estado bruto que devem ser, ao mesmo tempo, respeitados e transformados no processo de formatividade de uma obra (Pareyson, 1989).

Para mim, a música é, primeiramente e sempre, algo que escuto em minha mente, como algo de real e de sensual. A música é primeiramente alguma coisa de intuitivo. Assim que eu a ouço, vejo igualmente cores, figuras. Ela está, assim, ligada, para mim,

---

1 Esse termo, muito vago em sua delimitação, é usado por alguns autores apenas para diferenciar os compositores que se valem de estruturas de pensamento vindas das ciências exatas para suas obras, tal como Xenakis, daqueles que se inspiram e preferem lidar já no primeiro estágio da composição com a matéria sonora em si, tal como Ligeti. Não se refere ao conceito de "música intuitiva" de Stockhausen, cujo sentido é mais restrito: uma música que nasce de um encontro espiritual entre os músicos, como em sua obra *Aus den sieben Tagen* (1968).

a todos os níveis de imaginação, incluídos aqueles da vida real. Mas tudo é transposto em música! Quanto aos meios que me permitirão realizá-la, este é um problema secundário. (Von der Weid, mar. 1981, p.72)

Esse contato íntimo, prazeroso e permanente com uma escuta mais "concreta", por assim dizer, levou-o a uma forma de trabalho rigoroso e artesanal cujos objetivos foram sempre os resultados auditivos. Em nenhum momento ele sacrificou os horizontes perceptivos que uma obra pode proporcionar, em nome de uma teoria, de uma experimentação ou de um modismo. Os estímulos que lhe vieram de inúmeras outras artes e mesmo do pensamento científico nunca foram transpostos de forma direta, justamente porque seu critério primeiro sempre foi a presença do ouvido na obra.

Para se compreender um pouco mais profundamente o que Ligeti queria dizer com a transposição em música de impressões suscitadas por outras artes, vale a pena ler o que ele comentou a respeito de sua terceira peça das *Três fantasias para coro sobre poemas de Hölderlin*:

O que me cativa particularmente em Hölderlin não é tanto o plano da língua, mas aquele de associação de imagens. Tomemos, por exemplo, um texto como *Abendphantasie* ... esta imagem de um céu vespertino com formações de nuvens púrpuras em uma luz do sol que se consome – verdadeiramente grandioso mas não patético – se alia, para mim, à representação de um de meus quadros favoritos, *Alexanderschlacht*, de Altdorfer, que se encontra na Pinacoteca de Munique ... para mim, esse quadro e esse poema são muito próximos um do outro. Em Hölderlin, e também em Trakl, bem mais tarde na poesia alemã, há associações de cores e formas incrivelmente intensas. (Lichtenfeld, 1984)

Ao lado dessa procura por uma percepção permeável e globalizante, Ligeti também esteve sempre atento às questões das predisposições auditivas e dos referenciais culturais a partir dos quais somos constituídos. Consciente das implicações que a história e a memória auditiva do homem ocidental têm em sua estrutura perceptiva, ele não propunha quebra ou o abandono dos hábitos já instalados; ao contrário, ele os pressupunha.

Se me submeto plenamente ao convencionalismo, meu produto carece de valor; se me situo fora de todo convencionalismo, carece de sentido. (Ligeti, 1996a)

Além de sua preocupação com a recepção auditiva, há mais um traço fundamental na personalidade de Ligeti que se considera digno de admiração. É o desejo de comunicar e reagir, como artista, aos múltiplos estímulos socioculturais, adotando uma atitude oposta a qualquer tipo de dogmatismo e de enrijecimento estético-intelectual. Sem nunca se sentir impelido a pertencer a nenhuma "escola" definida ou vertente dominante, sua postura de independência artística o levou, também, a recusar a "paternidade" da corrente denominada "a nova simplicidade",[2] da qual faziam parte alguns alunos seus, tais como Muller Siemens e Von Bose.

Essa autonomia, aliada a um espírito crítico bastante aguçado, levou-o a repelir toda ideia de sistema ou paradigma composicional que sacrificasse, em nome de uma suposta unidade, a possibilidade de nascimento de suas próprias contradições. Dessa forma, procurou continuamente distanciar-se de um tipo de escrita e de expressão que já havia realizado e que eram conhecidos como "tipicamente" ligetianos.

Em um documento escrito em 1996, cujo título assaz interessante merece atenção – *Pensamentos rapsódicos, desequilibrados, especialmente sobre minhas próprias composições* – Ligeti afirmou:

---

2 A ideia de resgatar alguns elementos abandonados pelas poéticas contemporâneas (em especial o aspecto melódico) reuniu, na década de 1980, jovens músicos que, creditando à complexidade e ao autoritarismo das vanguardas o afastamento do público, almejaram criar uma música mais "audível". Wolfgang Rihm é o compositor de maior destaque do grupo. Tanto o nome – *Neue Einfachheit* – quanto a ideia de que Ligeti seria o mentor dessa vertente teriam sido criados pelos editores da Schott e da Universal.

No transcorrer dos anos após a década de 1960, abandonei esse caminho [a técnica micropolifônica]: teria incorrido em repetições estereotipadas. Não aprecio muito aqueles artistas que desenvolvem somente um método de trabalho e que produzem sempre o mesmo durante suas vidas. Em meu próprio trabalho, prefiro comprovar sempre de novo os procedimentos, modificá-los, eventualmente descartá-los e substituí-los por outros. (1996a)

Em razão dessa honestidade de princípios, as fases de sua produção nem sempre foram equilibradas. Crises, impasses, obras de transição e revisões de obras já aclamadas foram admitidas publicamente, sem nenhum constrangimento. Essas atitudes, raras no meio artístico, demonstram que o compromisso com sua obra e com o público tem sido, verdadeiramente, o norteador de sua carreira.

Nos comentários do encarte do CD dedicado às suas obras de música de câmara, ele confessou, com simplicidade, que:

> Estas quatro obras de câmara foram escritas em diferentes períodos [décadas de 1950, 1960, 1980 e 1990]. Como as experiências, influências e culturas que modelaram minha vida foram extremamente variadas e até contraditórias, chega a parecer que estas obras tenham sido escritas por quatro compositores diferentes. O que esses "quatro compositores" têm em comum é que, o que quer que eu tenha feito, sempre almejei fazê-lo de maneira apropriada, digna. Naturalmente (e inconscientemente), segui o espírito da época. Mas nunca alterei minha postura em relação à meticulosidade e honestidade. Meus julgamentos e preconceitos mudaram, é claro, mas não em resposta às pressões externas; sempre agi no melhor de minhas crenças e tenho, frequentemente, cometido erros. (1998, v.7, p.7)

Contextualização histórica e estética

Certamente, na obra está toda a vida de um autor, mas esta é uma presença muito especial: não presença de fatos e de atos singulares, reconstruíveis numa biografia, mas presença de uma personalidade, de um caráter, de uma substância espiritual, tal como pouco a pouco formou-se no curso da vida. Dar-se conta desta presença e mostrá-la em toda sua evidência não significa reconstruir uma biografia ... não se trata de afirmar que a biografia, de per si, está em condições de fazer compreender a arte, mas de *iluminar as obras através da biografia, já por sua vez iluminada pelas próprias obras.* (Pareyson, 1989, p.78 e 80 – grifado no original)

Com o objetivo de situar a obra de Ligeti no contexto artístico--cultural dos séculos XX e XXI e, ao mesmo tempo, no âmbito deste livro, os comentários biográficos foram tecidos de forma que focalize os aspectos que dizem respeito diretamente às contribuições que sua poética musical trouxe à área da percepção musical.

Como não se trata de uma biografia nem de um catálogo de obras completas, inúmeros acontecimentos e obras não foram nem sequer citados, pois o critério adotado foi a seleção de pontos julgados relevantes para a sustentação das argumentações aqui propostas.

Embora cronológica, a linha de construção desses comentários não está rigorosamente assentada sobre datas, fatos ou obras, mas sobre características composicionais que se agregaram em torno de ideias centrais, formando "núcleos temáticos".

Irregulares em termos de profundidade e de extensão, os comentários relativos às obras não se pretendem analíticos. São "luzes" lançadas sobre apenas alguns dos inúmeros aspectos constituintes de uma obra que, espera-se, convidem à audição e à análise. Há obras apresentadas com mais detalhes e outras que receberam apenas uma visão mais panorâmica. Plagiando Ligeti, diria que estes também são escritos "rapsódicos e desequilibrados" sobre sua vida e sua obra.

Da Hungria para a Alemanha

Ligeti nasceu em 1923, em uma pequena cidade situada na parte central da Transilvânia, que pertencia à Hungria até 1919 e depois à Romênia, de 1920 a 1940. Em 1941, Hitler devolveu essa região ao domínio húngaro e, finalmente, após a Segunda Guerra Mundial, ela voltou a pertencer à Romênia. De família judia não praticante, Ligeti teve como línguas maternas o húngaro e o alemão, vindo a dominar o idioma romeno quando iniciou seus estudos escolares.

Contrariando o desejo do pai, aos sete anos interessou-se pela música e começou a frequentar aulas de solfejo, compondo, aos dez anos de idade, uma monodia, sua primeira "composição". Aos catorze anos, aproveitando a recomendação feita por um importante professor de música para que seu irmão mais novo aprendesse violino, conseguiu persuadir seus pais a aceitarem seu interesse pela música.

Iniciou então seus estudos de violino, passando mais tarde para o piano, com o intuito de fazer um duo com seu irmão. Interessou-se logo por obras orquestrais, em especial as de Richard Strauss que eram transmitidas pelo rádio, e, mesmo sem possuir conhecimentos teóricos suficientes, estudou com afinco um tratado de orquestração que lhe possibilitou escrever, com quinze/dezesseis anos, um quarteto de cordas e uma sinfonia inacabada.

Sua adolescência foi marcada por uma série de discriminações advindas não só de um sentimento antissemita que crescia fortemente na região, como também pelo fato de ser húngaro em solo romeno. Em 1941, quando a Hungria aliou-se ao partido nazista e entrou em guerra, Ligeti tentou entrar na Universidade de Kolozsvár, a maior cidade da Transilvânia e onde a família vivia, para cursar a faculdade de Física, mas foi recusado por ser judeu. Inscreveu-se, então, no Conservatório de Música da cidade, onde estudou violoncelo, órgão e composição, até 1943. Sob a orientação de Ferenc Farkas, professor de composição que ele reencontraria posteriormente em Budapeste, compôs inúmeras obras camerísticas e vocais *a cappella*, fortemente marcadas pelo estilo de Béla Bartók. Muitas dessas partituras foram perdidas durante o período da Segunda Guerra Mundial.

A partir de 1944 a situação dos judeus na Hungria tornou-se catastrófica e Ligeti foi obrigado a prestar trabalhos braçais em diferentes lugares, escapando duas vezes de ser enviado para campos de concentração. Quando voltou a Kolozsvár, sua família havia sido deportada e sua casa estava ocupada por outras pessoas. Seu pai e seu irmão haviam morrido em campos de concentração e a mãe sobrevivera graças a seu trabalho como médica em Auschwitz-Birkenau.

Após a guerra, em 1945, Ligeti partiu para Budapeste e iniciou seus estudos superiores de composição na Academia Franz Liszt, tendo como professores Sándor Veress, Pál Járdany, Lajos Bárdos e Ferenc Farkas. Teve como colega de classe o compositor húngaro György Kurtág, cuja amizade e profunda admiração permaneceram intactas até sua morte.

As orientações recebidas na Academia foram voltadas para o ensino tradicional: contraponto palestriniano e bachiano, harmonia tonal dos períodos barroco e clássico, análise e exercícios de composição baseados nos estilos de Bach, Mozart e Beethoven. A ausência de obras de Debussy, da Segunda Escola de Viena e das vanguardas ocidentais no programa de estudos era absoluta e, das obras de Bartók, somente as mais próximas ao folclore húngaro eram executadas e analisadas.

Apesar disso, as obras compostas durante esse período (1945-1949) apontam para o desejo de, ao mesmo tempo, encontrar um estilo pessoal e se libertar do pensamento acadêmico. Em 1949, retomando a ideia de Kodály e de Bartók, Ligeti realizou uma longa viagem de pesquisa à Transilvânia, na qual recolheu centenas de cantos populares romenos e húngaros que lhe serviram de base para composições nas quais experimentou as possibilidades oferecidas pelo uso da polimodalidade e da politonalidade, e de diferentes agrupamentos e articulações rítmicas dentro de compassos mistos. Embora esses aspectos "soassem" ainda muito próximos a Bartók, suas pesquisas a respeito do uso da estruturação contrapontística já o encaminhavam para uma das linhas condutoras de seu pensamento e estilo pessoal.

Mesmo considerado pela política cultural stalinista como um compositor "formalista experimental" em razão de suas tendências "modernas", em 1950 tornou-se professor de contraponto e harmonia da Academia Franz Liszt, posto que manteve até 1956 graças ao apoio de Zoltán Kodály.

Suas composições desse período dividem-se em duas vertentes: uma, baseada em materiais folclóricos, e outra, que apresentava novas sonoridades. Uma das obras mais importantes dessa fase é o quarteto de cordas *Metamorfoses noturnas* (1953-1954). Síntese de suas preocupações musicais, esse quarteto possui alguns elementos fundantes de seu estilo: o aspecto rítmico, ainda que bartokiano, já introduz o ouvinte à questão da irregularidade e da supressão de pontos de referência temporais; o cromatismo horizontal e vertical que questiona o conceito de melodia e de acorde; o rigor e a precisão da escrita; e o que será mais tarde sua "marca registrada": o princípio canônico de relacionamento das vozes que se transformam em *brouillage*.[3] Outras obras também importantes são *Musica ricercata* (1951-1953), *Seis bagatelas* para quinteto de sopros (1953), *Éjszaka* [*Noite*] e *Reggel* [*Manhã*] para coro misto *a cappella* (1955) e *Visiók* [*Visões*] para orquestra (1956), sua primeira experiência com a escrita sem compassos.

Em 1956, desesperançoso e cansado do isolamento cultural imposto, que lhe cerceava tanto o conhecimento das produções artísticas das vanguardas ocidentais quanto o desenvolvimento de suas próprias experimentações, logo após os trágicos acontecimentos desse ano (revoltas populares em Budapeste, destituição do governo e intervenção soviética em novembro), Ligeti fugiu para a Áustria, com destino à Alemanha.

Entre as poucas produções contemporâneas que conhecera em Budapeste por meio do rádio, em especial as transmissões da rádio

---

3 *Brouillage*: do verbo *brouiller*, misturar. O termo vem do vocabulário da eletrônica e significa a superposição de uma emissão radiofônica sobre outra, tornando-as ininteligíveis. Em música, é o resultado sonoro da superposição cerrada de uma quantidade muito grande de vozes que anula a percepção das linhas individuais e das alturas, realçando o timbre do conjunto. Os efeitos de *brouillage* introduzem o ouvido nos chamados "campos sonoros", nos quais se percebem massas de sons que se movem e se transformam em seu aspecto global e não em seus detalhes internos.

alemã WDR (Westdeutscher Rundfunk), estavam as obras de Karlheinz Stockhausen criadas no Estúdio de Música Eletrônica de Colônia. Atraído pela radicalidade inovadora que esse tipo de música apresentava, iniciou, em janeiro de 1956, uma correspondência com Stockhausen e Herbert Eimert (fundador e diretor do Estúdio de Colônia). Após ouvir *Gesang der Junglinge* [*O canto dos adolescentes*] de Stockhausen, em transmissão direta de estreia no dia 4 de novembro de 1956, decidiu ir a Colônia. Durante sua breve estada em Viena, conseguiu que Eimert lhe arrumasse uma bolsa de quatro meses como compositor convidado do Estúdio e, hospedando-se na casa de Stockhausen nas primeiras semanas, mudou-se para Colônia no início de 1957.

Experiências com a música eletrônica

Consciente de sua ignorância quase completa a respeito da música de vanguarda, Ligeti procurou, em pouco tempo, inteirar-se sobre todas as tendências e propostas contemporâneas. Como ele mesmo relata,

> meu encontro em Colônia com Stockhausen, Koenig, Evangelisti, Helms, Kagel e outros, e o fato de me encontrar de repente no Estúdio de Música Eletrônica, no subsolo da WDR, tudo isso foi um choque para mim, talvez o maior choque de minha vida, assim como a descoberta em poucas semanas de toda a música nova, incluída a de Webern, que eu praticamente não conhecia. (apud Michel, 1995, p.28)

Além de seus estudos críticos sobre a obra de Anton Webern, Pierre Boulez e Stockhausen, seus contatos com os outros compositores do círculo de Darmstadt – Luigi Nono, Luciano Berio, Henri Pousseur, Bruno Maderna e Mauricio Kagel – proporcionaram um encontro com novas técnicas, materiais, poéticas e maneiras de pensar a composição.

Nos dois anos que passou no Estúdio de Colônia, familiarizou--se com os recursos eletrônicos e experimentou-os em algumas peças: colaborou com Michael Koenig na criação de Essay (1957) e compôs *Glissandi* (1957), *Pièce électronique nº 3* (1957-1958, inacabada) e *Artikulation* (1958). Mais importante que o resultado composicional exposto nas três obras, suas pesquisas com os meios eletrônicos resultaram em reflexões que o acompanham até os dias de hoje e que definiram, por assim dizer, sua técnica e seu estilo de composição acústica.

Ao lidar com a técnica de base da música eletrônica, Ligeti vislumbrou a possibilidade de operar nos paradoxos perceptivos que consistem nas transformações dos parâmetros musicais quando submetidos a processos de extensibilidade e limitação máximas, e no jogo operacional entre o detalhe, o microelemento quantitativamente ordenado e sua apreensão, que se dá de forma prioritariamente qualitativa, global, indefinida em sua particularidade. Uma sucessão de alturas estritamente definidas, por exemplo, perde seu caráter melódico quando suas durações são ínfimas (menos de um vigésimo de segundo), transformando-se em "não alturas", isto é, em timbres. Assim, uma sequência de alturas diferentes, que até o advento da música eletrônica era percebida quase sempre como linha melódica, passa a ser usufruída como movimento, direção, fluxo contínuo de timbres que se deslocam temporal e espacialmente. Por sua vez, as durações e os ritmos precisos, quando submetidos a uma velocidade de enunciação muito rápida, amalgamam-se uns nos outros, resultando perceptivamente em uma faixa de sons metricamente indefinível. A esses resultados sonoros, Koenig deu o nome de *Bewegungsfarbe* (cor de movimento).

A continuidade de suas pesquisas a respeito das possibilidades oferecidas pela estruturação polifônica levou-o ao encontro de outro paradoxo: a técnica eletrônica lhe permitiu trabalhar com a superposição de inúmeras camadas sonoras que, embora se movimentem internamente, soam quase estáticas em seu aspecto global. Quanto maior for o grau de movimentação de uma voz ou camada, tanto mais estática ela aparecerá em termos perceptivos.

Essas "descobertas" foram fundamentais em seu percurso composicional acústico e levaram Ligeti à definição de duas expressões musicais contrastantes: uma que se caracteriza pela vivência perceptiva da estaticidade, do *continuum* sonoro, e outra que se apreende por seu caráter episódico de evento, de acontecimento descontínuo.

Nos momentos estáticos, o ouvido se instala em um fluxo contínuo aperiódico, desprovido de articulações e repetições evidentes, passando a usufruir sutis transformações de timbre e de registro. Anulam-se as alturas definidas e as células rítmicas separadas, elementos melódicos e harmônicos particulares deixam de soar como tais para compor um campo sonoro no qual o parâmetro densidade se torna o mais importante. As camadas sonoras, simultâneas ou não, que compõem esse campo fundem de tal maneira todos os parâmetros musicais que o ouvido é levado a enfrentar uma situação limite: o reconhecimento de que uma transformação progressiva está em curso, sem a possibilidade, no entanto, de discernir seus agentes e de imaginar seu encaminhamento. A realização máxima dessa expressão encontra-se nas obras *Atmosphères, Volumina* e *Lontano*.

Nos momentos episódicos, também a densidade age sobre os demais parâmetros, fazendo suas particularidades perceptivas se amalgamarem em prol do timbre global do conjunto. Próximos aos procedimentos de recorte e colagem, esses eventos podem ser descritos como impulsos, gestos ou blocos, de aparecimento geralmente inesperado e brusco, que se contrapõem ao fluxo por possuírem um perfil delimitado, tornando-se importantes referenciais formais: retiram o ouvido de uma determinada situação perceptiva e introduzem-no em outra. Os silêncios (pausas) cumprem, nesse tipo de expressão, papel essencial. Os melhores exemplos de eventos episódicos podem ser ouvidos nas obras *Aventures, Nouvelles aventures, Dez peças para quinteto de sopros* e no 2º movimento do *Concerto para violoncelo*.

Apesar de todo o conhecimento adquirido e da reconhecida influência que a técnica eletrônica havia produzido em seu pensamento, o compositor chegou à conclusão de que esta não o satisfaria em seus anseios auditivos. A razão principal estaria localizada nas condições de recepção das obras criadas e difundidas por meios eletrônicos.

Nestes últimos anos, estou um pouco decepcionado com os resultados acústicos daquilo que se pode fazer em um estúdio eletrônico, independentemente do grau de aperfeiçoamento de seu equipamento. A mim, parece que o resultado sonoro é enfraquecido pela difusão feita por alto-falantes. Pouco importa o que tenha sido realizado: sons produzidos por geradores, sons gravados, sons transformados pela manipulação de fitas magnéticas ou sons instrumentais. O som é nivelado pelo alto-falante e ele me parece ter sido "polido". (apud Michel, 1995, p.34)

Incomodava-o, ainda, o ruído de fundo,[4] e, além disso, sua ideia de superpor um número excessivo de vozes (48, por exemplo, na *Pièce eléctronique nº 3*) não resultava sonoramente a contento. Após a criação de *Artikulation*, única peça eletrônica que ele considera válida como obra musical, voltou a se dedicar à composição acústica.

Reconhecimento internacional

A partir da composição de *Apparitions* (1958-1959), *Atmosphères* (1961) e *Volumina* (1961-1962), a proposta estética de Ligeti tornou-se conhecida e admirada internacionalmente, sobretudo pela força e singularidade de estilo.

Essas obras marcam o abandono das experimentações eletrônicas e sua posição como compositor "independente", isto é, não filiado a nenhuma das correntes estéticas contemporâneas. De certa forma, essa postura de afastamento foi reforçada pelo fato de ele ter ficado, em sua formação, alheio compulsoriamente às tendências que se desenvolveram até 1956. Também do ponto de vista histórico,

---

4 Ruído ou chiado constante gerado pelo próprio funcionamento dos aparelhos eletrônicos. Era bastante audível quando se usava fita magnética e hoje persiste em menor intensidade nas captações via microfone.

quando ele chegou a Colônia, a grande vertente do serialismo integral[5] já havia passado sua fase áurea[6] e estava em crise, o que o levou a assumir uma posição crítica em relação a determinados procedimentos praticados pelos seguidores desse pensamento.

Depois de aprofundados estudos sobre o serialismo e de análises de obras de Boulez e de Stockhausen, Ligeti admitiu que seus objetivos estéticos não poderiam ser alcançados por meio de uma organização serial estrita. Sempre preocupado com o aspecto auditivo da recepção de uma obra, ele considerou que a procura pela unidade da obra por meio da estruturação serial havia se tornado um dogma e que este não poderia impor um sacrifício à escuta intuitiva e sensível, tanto do compositor quanto do ouvinte. Para ele, cada parâmetro musical teria um efeito auditivo distinto: reagimos de uma forma em relação às alturas, de outra em relação às durações e assim por diante. Certas alturas, por exemplo, precisam de determinadas durações, intensidades e ataques para se instalarem nos planos sensoriais e psíquicos do ouvinte. Serializar os parâmetros seria uniformizar a forma de seu aparecimento e deixar de lado justamente as singularidades que os caracterizam.

Mesmo não tendo composto nenhuma obra serial, Ligeti reconhecia a importância desse princípio em suas experimentações e algumas "reverberações" serialistas podem ser encontradas em algumas de suas obras orquestrais.

---

5 Serialismo: forma de estruturação musical que elege como princípio organizador e referencial de uma obra uma determinada sequência/série recorrente e não hierárquica de alturas. Essa série, síntese das ideias melódico--harmônicas e base de todos os desenvolvimentos da obra, desde os motívicos até os formais, torna-se responsável pela unidade e pelo equilíbrio entre os elementos que se repetem e os que se diferenciam. O *dodecafonismo* utiliza as 12 notas da escala cromática de forma serializada, e o *serialismo integral* amplia esse pensamento para os outros parâmetros musicais. Além das alturas, podem ser serializados os timbres, as durações, as intensidades e as articulações (ataques).

6 As obras modelo do serialismo integral foram compostas no início dos anos 50. Boulez compôs *Polyphonie X* em 1951 e *Structures 1º livro*, em 1952; Stockhausen escreveu *Kreuzspiel*, em 1951, *Kontrapunkte* e as cinco primeiras peças do *Klavierstucke*, em 1952-1953.

Em *Apparitions* e *Atmosphères*, a ideia da expressão sonora da estaticidade atingiu sua plena realização e tornou-se elemento estrutural. De acordo com o compositor, os efeitos de estaticidade e continuidade musicais levaram-no a imaginar um agenciamento do material musical à maneira de um tecido, de uma tela de fios que se interpenetram, mas que não têm autonomia expressiva como linhas unitárias. Suas existências estão em função de um contexto global que neutraliza suas individualidades em termos de altura, ritmo, intensidade e timbre. Essa trama evolui geralmente em forma de *cluster*[7] que se move muito lentamente, transformando-se de modo quase imperceptível, o que causa no ouvinte a sensação de que "nada está acontecendo". Segundo as palavras do próprio compositor,

> *Atmosphères* é uma música que desperta a impressão de fluir continuamente, como se não tivesse nem começo nem fim. O que ouvimos é um trecho de algo que sempre existiu... Há pouquíssimas cesuras; a música continua sempre a fluir. Sua característica formal é ser estática: ela dá a impressão de estagnar. É somente uma impressão. No interior dessa estagnação, dessa estaticidade, há transformações progressivas. Eu pensaria nela como se fosse a superfície de um lago, na qual uma imagem é refletida. Essa superfície se torna ondulada pouco a pouco até que a imagem desapareça progressivamente. A água volta a ficar plana e nós vemos outra imagem. (apud Bayer, 1989, p.19)

Especificamente em *Apparitions*, os eventos episódicos foram trabalhados de forma a "rasgar" o tecido sonoro, de forma que sua recomposição, na continuidade, aconteça a partir de uma trama diferente, de outra qualidade. Nessa obra, e unicamente nela, Ligeti também explorou, ainda que timidamente, a espacialização dos sons.

---

7 *Cluster*, do inglês, cacho. Designa um aglomerado de notas muito próximas umas das outras, em intervalos de 2ᵃˢ. Seu efeito sonoro é o de uma mancha, um "borrão" sonoro, no qual não se percebem as alturas das notas, mas sim seu registro de conjunto (grave, médio ou agudo), sua densidade (muitos ou poucos sons) e sua extensão (âmbito).

Dispôs, na sala de concerto, quatro músicos atrás da plateia e o efeito almejado foi o de um afastamento e de um envolvimento acústico diferenciado que leva a compreender por que os alto-falantes não o satisfaziam. Essa preocupação com a sensação acústica do espaço e com a recepção física das vibrações tornou-se uma constante em suas pesquisas e aparece posteriormente em obras que guardam a disposição tradicional de instrumentos.

A micropolifonia

Com a composição de *Atmosphères*, Ligeti chegou à realização perfeita de suas buscas a respeito das possibilidades oferecidas pela escrita contrapontística: a micropolifonia. Esse procedimento composicional, usado pela primeira vez em *Apparitions*, é o resultado de seus profundos conhecimentos sobre o contraponto, de sua admiração pelas obras de Johannes Ockeghem (1410-1497) e de suas experiências com a música eletrônica.

No segundo movimento de *Apparitions* eu utilizei pela primeira vez a técnica da micropolifonia, com a ideia de construir uma tela musical. Eu não teria jamais imaginado isso sem a experiência adquirida no Estúdio de música eletrônica. Há dois aspectos diferentes em *Apparitions*: os blocos sonoros, que não são influenciados pela música eletrônica, e os tecidos sonoros, baseados sobre o contraponto tradicional que eu havia estudado e ao qual se acresce a experiência do trabalho de sincronização das inúmeras camadas sonoras gravadas em diferentes fitas magnéticas. É muito estranho, pois há um lado técnico e um lado totalmente tradicional, e a associação dos dois resulta em alguma coisa que não é nem técnica nem tradicional... (apud Michel, 1995, p.169-70)

A escrita micropolifônica trata da superposição cerrada de inúmeras vozes (48 em alguns trechos de *Atmosphères*; 20 no Kyrie do *Requiem*, por exemplo) que neutraliza os intervalos em sua função melódica e os motivos rítmicos em sua função dinâmica. Essas vozes podem ser coordenadas em cânones ou em "semicânones"[8] de diversas formas: estritos, livres, em espelho, retrogradados, aumentados, diminuídos ou circulares, entre outras combinações.

Acontece, no entanto, que a estrutura canônica que coordena essas vozes não é percebida pelo ouvido,[9] pois a autonomia expressiva de cada linha melódica – condição primeira para que a escuta polifônica se dê – não está presente. As vozes desses gigantescos cânones são construídas de forma a não se individualizarem: são linhas melódicas não tonais, não direcionais, aperiódicas, sem pontos de referência rítmicos, melódicos ou harmônicos que possam provocar sua diferenciação: "Eu utilizei inúmeras vezes o cânone, denominando-o cânone 'supersaturado' pois há tantas vozes, a densidade é tamanha que não se ouve a polifonia e sim um bloco sonoro com movimentos internos" (apud Michel, 1995, p.171).

Para que esse resultado sonoro almejado se efetue, o compositor utiliza procedimentos que se aproximam muito dos tratados de contraponto palestriniano. Em relação aos saltos melódicos, ele se impõe as seguintes "regras": "todos os intervalos são possíveis, da 3ª menor à 9ª maior, com exceção do salto de 8ª ... Os saltos não devem acontecer simultaneamente; saltos com mudança de direção são livremente permitidos; dois saltos sucessivos na mesma direção são permitidos apenas para os solistas em casos de 3ª ou de 6ª" (apud ibidem, p.70).

É importante comentar que essa forma de tratamento melódico incrementa a não direcionalidade das frases. Quando se ouvem

---

8 Ligeti denominou de "semicânone" a imitação estrita das alturas mas não dos valores de duração.

9 O interessante é que, no momento da escuta, mesmo após um cuidadoso estudo em que os cânones são elucidados e racionalmente "decifrados", eles não são discerníveis. O esforço para tentar ouvi-los concomitantemente à leitura da partitura também não lhes garante audibilidade. De acordo com o próprio compositor, "a estrutura polifônica não aparece, não se pode ouvi-la; ela fica escondida em um mundo microscópico, submarino, inaudível para nós. Eu chamo isso de micropolifonia ... Não se pode ouvir minha música tal como ela se apresenta no papel" (apud Bayer, 1989, p.19).

dois saltos sucessivos na mesma direção, por exemplo, é despertada no ouvinte a sensação de continuidade do movimento. Aliada a uma estrutura tonal, essa direcionalidade se impõe de forma inequívoca. No caso das obras de Ligeti, não só a harmonia tonal está ausente, como a mudança constante de direção anula qualquer tendência de direcionalidade, neutralizando o valor dinâmico do intervalo e mantendo o ouvinte em um espaço amorfo. No caso de 8ªˢ, por serem potencialmente elementos de articulação, os saltos de 8ª (e também os saltos simultâneos) podem tornar-se pontos de referência, indesejáveis, nesse caso.

Acresce-se a isso o fato de esses cânones serem em uníssono e quase todos em *stretto*, ou seja, a entrada de cada uma das vozes repete as alturas das vozes anteriores e acontece em um lapso temporal muito pequeno em relação uma à outra: a primeira apenas iniciou sua enunciação e já há outras se apresentando. Isso faz o ouvido abandonar o referencial linear e se ater ao vertical, acompanhando a construção gradual de um *cluster* móvel de grande densidade vertical. O *stretto* também contribui para que, perceptivamente, se abandone qualquer possível ponto de apoio métrico: o estreitamento temporal que rege a entrada sucessiva das vozes desfaz as possíveis articulações rítmicas e as marcações temporais principais e secundárias são destituídas de valor referencial.

Eu gostaria de acrescentar mais uma coisa a respeito do cânone: por que o cânone? Se eu quero preencher um espaço pouco a pouco, gradativamente, não com um *cluster*, mas com uma sonoridade bastante espessa, o cânone em uníssono é um meio bastante apropriado, pois eu posso ter uma sucessão de certos sons e, portanto, uma linha melódica. Se eu faço dessa sucessão um cânone, há então uma segunda linha melódica que a imita, depois uma terceira etc. Eu sempre utilizei cânones em uníssono, nunca em imitações à quinta, por exemplo. Isto significa que o que eu tenho como sucessão vai se transformar em simultaneidade; há, então, uma unidade entre simultaneidade e sucessão. (apud Michel, 1995, p.172)

De certa forma, os efeitos de *brouillage* já presentes em suas obras iniciais adquirem, com a escrita micropolifônica, uma consistência maior: por meio dos cânones, os parâmetros *âmbito, timbre, textura* e *intensidade* "libertam-se" das alturas e das durações rítmicas, e passam a ser regulados pelos critérios *evolução da densidade, timbre de movimento* e *continuidade* ou *descontinuidade* temporal.

Do ponto de vista perceptivo, um cânone qualquer em uníssono, seja ele modal, tonal ou atonal, pode ser interpretado como uma monodia defasada, ou seja, uma unidade espaçotemporal que se apresenta ao ouvinte como que desdobrada, como um leque que se abre em suas partes. É como se o que já foi ouvido e, portanto, considerado passado, voltasse a se tornar presente não pelo retorno, mas por sua continuidade.

EXEMPLO 23 – Ligeti, *Lux Aeterna*, compassos 1-8 (1966c, p.1).

Outras experiências

O reconhecimento internacional trouxe para o compositor uma série de oportunidades profissionais que lhe garantiram a consolidação de seu nome no meio artístico europeu na década de 1960. Ele estava, por assim dizer, "na moda".

A partir de 1959, o compositor mudou-se para Viena e, em 1967, recebeu a nacionalidade austríaca. De 1959 a 1974 manteve intensa atividade pedagógica em Darmstadt, e de 1961 a 1972 ministrou cursos na Escola Superior de Música de Estocolmo.

Consciente, no entanto, de que essa receptividade poderia aprisioná-lo em termos criativos, fazendo que se repetisse em fórmulas já consagradas à maneira de um academicismo estéril, Ligeti continuou em busca de novas poéticas musicais. Aproximou-se do grupo Fluxus, interessou-se por John Cage e experimentou-se como compositor "irônico", levemente dadaísta, mas sobretudo crítico e autocrítico.

Algumas obras dessa fase – *L'avenir de la musique* (1961), *Trois bagatelles pour un pianiste* (1961), *Fragment* (1961), *Poème symphonique pour cent métronomes* (1962), *Aventures* (1962) e *Nouvelles aventures* (1965) – incorporaram os questionamentos levantados pelos *happenings* a respeito do conceito da "Obra de Arte" (com letras maiúsculas), revelando ao público seu lado céptico não doutrinário e sua postura sempre "independente", evitando seguir o estilo criado por ele mesmo.

A obra *L'avenir de la musique* [*O futuro da música*] é uma espécie de *happening* inspirado em *4'33"* de Cage.[10] Convidado para uma

---

10 *4'33"* é o título (e a duração) de uma peça de John Cage composta em 1952. Sua proposta estética, bastante radical para a época, questiona inúmeros aspectos relativos à "Obra de Arte": inversão das posições de intérprete e plateia (durante 4 minutos e 33 segundos o intérprete deve permanecer em silêncio, enquanto a plateia, com vaias, aplausos, ou qualquer outro tipo de manifestação, preenche esse "vazio"), valorização do silêncio como forma de expressão musical, superação da antiga querela existente entre conteudistas e formalistas, entre inúmeros outros.

palestra no Fórum Europeu de Alpbach (Áustria) sobre esse tema. Ligeti preparou uma "composição coletiva para um conferencista e seu auditório", deixando que, durante os dez minutos de duração da "palestra", os sons e ruídos da plateia preenchessem o silêncio. A forma foi articulada por meio de frases que o compositor escrevia em uma lousa, à medida que os eventos sonoros se desenrolavam: *Favor não rir nem bater os pés. Crescendo. Stop. Não se deixem manipular* (apud Griffiths, 1997, p.39).

O *Poème symphonique pour cent métronomes* (Poema sinfonico para cem metrônomos), por sua vez, apresenta-se como uma espécie de "brincadeira séria", já que os músicos apenas acionam os metrônomos mecânicos e os deixam "interpretar" suas pulsações em andamentos diferentes. O final da peça é determinado pelo metrônomo cujo mecanismo de corda acabar por último. Ao lado dos aspectos humorístico, irônico e crítico, essa peça apresenta, do ponto de vista perceptivo, questões importantes que aparecerão em obras posteriores: a superposição polifônica de diversos andamentos que resulta em uma espécie de campo sonoro polimétrico, a sensação auditiva de *acelerandos* e *ralentandos* provocada pela intensificação ou rarefação das densidades horizontal e vertical, e a exploração do processo de defasagem temporal como critério de concatenação de diversas camadas.

Com a composição de *Aventures*, em 1962, Ligeti adentrou o espaço do teatro musical, mais especificamente o do teatro do absurdo, compondo uma peça musical cênica para três cantores e sete instrumentistas. A ideia de revisitar e renovar o gênero do teatro musical foi compartilhada, nessa década, por inúmeros compositores tais como Schnebel, Nono, Berio, Stockhausen e Kagel, para citar apenas os mais significativos. Estimulado pelo trabalho de Mauricio Kagel, cujas obras *Anagrama* (1957) e *Sur scène* (1959) admirava especialmente, Ligeti resolveu experimentar-se no gênero. Mais uma vez, no entanto, colocando-se contra a corrente, ele não aderiu à ideia de criar uma obra a partir da relação texto/música e de sua inteligibilidade em cena: *Aventures* nos introduz em uma experiência estética de estranhamento, colocando-nos em contato com um material fonético *in natura*, em sua forma pré-verbal, e portanto sem significado semântico, apenas musical. Segundo suas palavras, em *Aventures* "acontece o contrário do que nós experimentamos até aqui com a representação de uma ópera: a cena e os heróis são evocados apenas pela música; não é a música de uma ópera que é interpretada, mas uma 'ópera' que se interpreta no interior da música" (apud Michel, 1995, p.65).

Efetivamente, trata-se de uma dramaturgia imaginária feita para um teatro musical absoluto, aparentemente *nonsense*, sem personagens convencionais e sem texto compreensível, baseada em elementos fonéticos expressivos e palavras inventadas que se articulam de acordo com cinco tipos de emoções: o primeiro reúne a ironia, o sarcasmo e as expressões afins; o segundo, a depressão, a tristeza, a solidão e a saudade; o terceiro, o humor e suas variações; o quarto, o erotismo, os desejos sensuais, a agressividade; o quinto, as diversas formas do medo. Essa "tipificação" de emoções aparentadas é expressa vocalmente por meio de entonações timbrísticas de vogais específicas e de ruídos fonéticos especiais que resultam em sussurros, gritos, balbucios, grasnados, gemidos, palavras e canto, entre muitos outros efeitos.

Além disso, há indicações precisas de comportamento gestual, corporal e cênico que unificam e intensificam cada campo expressivo. Os cantores têm tanto partes solo quanto superpostas, e uma estruturação canônica rege as entradas dos cinco grupos de emoções. Os instrumentos têm a responsabilidade de apresentar o caráter descontínuo, episódico e "caótico" que permeia toda a obra, e seus timbres também são explorados de forma "fonética", com efeitos sonoros, técnicos e cênicos singulares que se integram à expressão global das emoções.

A micropolifonia reavaliada

Na segunda metade dos anos 60, Ligeti reavaliou sua técnica e seu pensamento micropolifônico, optando por desenvolver uma espessura menos densa, com tramas polifônicas mais leves. Os campos sonoros, agora mais reduzidos e restritos em termos de densidade interna, incluíram a construção de um jogo de figura e fundo auditivo que sugere ao ouvido a sensação de operar com uma superfície identificável. Nos tecidos polifônicos aparecem alguns "fios" (sequência de intervalos), "pontos" e "nós" (intervalos e acordes) que se sobressaem, tornando-se eixos harmônicos. As obras mais significativas dessa "nova" sonoridade são *Requiem* (1963-1965), *Lux Aeterna* (1966) e *Lontano* (1967).

Na composição do *Requiem*, Ligeti "interpretou" o conceito barroco de claro/escuro, aliando-o a uma precisão contrapontística inspirada em Guillaume de Machaut, J. Ockeghem e J. S. Bach (Michel, 1995, p.66).

Nessa obra, o efetivo vocal é grande: coro I, com 60 vozes, e coro II, com 120, mais os solistas. A orquestra possui uma sonoridade espessa, com timbres raros: clarinete contrabaixo, trompete baixo, contrafagote e trombone contrabaixo. Embora esse número de vozes e essa instrumentação "pesada" sugiram uma sonoridade propícia a intensos e constantes efeitos de *brouillage* e de *clusters* móveis, a ideia de construir algumas figuras que se sobressaiam do fundo leva o compositor a trabalhar com duas texturas contrastantes. Ao lado de uma estruturação polifônica muito estrita (o *Kyrie*, por exemplo, apresenta um contraponto a cinco vozes em *divisi* de quatro, resultando em uma polifonia a vinte vozes), há o procedimento de individualização de alguns elementos melódicos, harmônicos, vocais e ou instrumentais. Sobre um campo sonoro micropolifônico indistinto, perceptivamente falando, há, por exemplo, intervalos e acordes perfeitamente audíveis, uníssonos cantados pelo coro que são reforçados por alguns instrumentos, duetos de solistas, relacionamento dialogal entre os coros que se alternam nas palavras *Kyrie eleison* e *Christe eleison*, motivos rítmicos submetidos a um tratamento homorrítmico,[11] entre outros.

Em *Lux Aeterna* (para coro misto *a cappella*) e em *Lontano* (para grande orquestra), a preocupação do compositor concernente à

---

11 A homorritmia consiste em manter, na simultaneidade formada entre as diversas vozes de um contraponto, o mesmo padrão ou sequência rítmica.

audibilidade das harmonias aparece de forma explícita. Além da presença de elementos estruturais referentes à luz e ao espaço, há transformações harmônicas e intervalares particulares que indicam a intensificação de suas buscas, reveladas já no *Requiem*, por uma sonoridade mais clara de alturas e acordes definidos. Os planos polifônicos e acórdicos foram pensados de forma a conduzir o ouvido de uma situação harmônica à outra, possibilitando o acompanhamento de graduais transformações de timbres, âmbitos, densidades e intensidades.

Essa opção pela inteligibilidade de uma estruturação harmônica levou alguns críticos à ideia de que se tratava de um resgate ou retorno à ideia de tonalidade, ou ainda de alguma forma de esgotamento criativo. Entretanto, com o prosseguimento de suas composições, ficou evidente que não era nem uma coisa nem outra. Ligeti estava se encaminhando em direção a uma nova abordagem expressiva dos dois parâmetros musicais mais elementares: a altura e a duração, que o conduziriam ao trabalho com os microintervalos e com a polimetria, além de levá-lo ao reencontro da ideia de melodia.

Para além das alturas e das durações

A evolução do pensamento composicional de Ligeti levou-o a reconsiderar as potencialidades expressivas de alguns elementos, dos quais havia deliberadamente se afastado em fases anteriores. Após o intenso trabalho com campos sonoros micropolifônicos que provocavam a neutralização e a indiferenciação perceptiva de intervalos e ritmos, o compositor começou, depois de *Lontano*, a se aproximar da ideia de explorar uma sonoridade menos *brouillée*, mais "nua", obtida pela enunciação de timbres solistas, acordes e de motivos e células rítmico-melódicas identificáveis em seus perfis intervalares, expressivos e dinâmicos.

Talvez por isso tenha escolhido pequenas formações e instrumentos solistas para os quais compôs, entre os anos de 1967 e 1970, as seguintes obras: *Harmonies* (1967) e *Coulée* (1969) para órgão, *Continuum* (1968) para cravo, *Quarteto de cordas nº 2* (1968),

Dez peças para quinteto de sopros (1968), *Ramificações* (1968-1969) para doze instrumentos de cordas, *Concerto de câmara* (1969-1970) para treze instrumentistas.

Os aspectos *altura* (em especial o valor melódico condutor do grau conjunto e o valor articulador do salto), *direção intervalar* (ascendência, descendência ou imobilidade) e *valores de duração* (em suas funções de provocadores de energia cinética ou de estaticidade) apresentam-se, nessa fase, de tal maneira imbricados que se pode pensar que, novamente, o profundo conhecimento do compositor sobre a melódica contrapontística do Renascimento e de J. S. Bach estaria reaparecendo sob outra roupagem.

O *Continuum* para cravo é uma obra exemplar a esse respeito. Nela, revela-se de forma clara a maneira pela qual o compositor desenvolveu a ideia de tornar audíveis as alturas e as durações sem sequer aludir à melodia e à harmonia tonais. Nessa pequena mas complexa peça, o princípio estruturador desses dois parâmetros musicais está assentado sobre os critérios de variação e de permanência, aplicados, respectivamente, às alturas e às durações. Mudanças gradativas de altura permitem que a repetição em *ostinato*[12] de um único valor de duração, a colcheia, produza múltiplos efeitos fraseológico-temporais bastante peculiares.

A exploração do princípio da defasagem temporal, apresentado anteriormente no *Poème symphonique pour cent métronomes* e que reaparecerá em diversas outras obras é construída a partir do número de notas presentes em cada motivo. Diferentemente do procedimento usual de defasagem, no qual uma voz (ou camada) acelera ou desacelera sua pulsação para adquirir sua autonomia métrica, no *Continuum*, paradoxalmente, o "pulso" dado pela colcheia se mantém obsessivamente regular. À medida que os motivos deixam de ser homogêneos em seus tamanhos, seus pontos de articulação deixam de ser coincidentes e, portanto, entram em defasagem. Cria-se, assim, uma polimetria motívica que conduz a uma temporalidade amétrica, ou a uma sensação de imobilidade.

---

12 *Ostinato*: repetição de um motivo ou padrão rítmico e/ou melódico.

Além disso, a expansão e a contração do âmbito intervalar criam uma ilusão de transformação da densidade vertical. Embora a escrita apresente sempre dois sons simultâneos, com exceção de um único momento, há trechos em que os intervalos são explorados em sua dimensão acústica básica: os mais propícios à fusão de seus componentes, tais como as 5ªˢ e 4ªˢ, são usados para construir um efeito de rarefação, e os menos propícios, tais como as 2ªˢ e 7ªˢ, para aumentar o efeito da densidade.

Essa forma de explorar os elementos musicais mais simples em suas complexas formas de comparecimento perceptivo, isto é, em seus efeitos de realce, ocultamento e transformação, está presente em todas as obras desse curto mas profícuo período. O prosseguimento da ideia da defasagem temporal desenvolveu-se em *Coulée* e se tornou mais evidente no 3º movimento do *2º quarteto de cordas*, e no 3º movimento do *Concerto de câmara* cujas indicações de andamento trazem os seguintes títulos, respectivamente: *Come un meccanismo di precisione* e *Movimento preciso e meccanico*.

É interessante reparar que esses mecanismos de precisão – os metrônomos do *Poema sinfônico*, as colcheias do *Continuum* e mesmo a minuciosa escrita micropolifônica – constituem-se em um outro paradoxo perceptivo e interpretativo.

Em uma entrevista concedida a Gianmario Borio, Ligeti falou sobre essa "fantasia relojoeira":

> de onde vem minha vocação para construir formas mecânicas? Tive, na infância, uma experiência literária que não me abandonou mais. Trata-se de uma novela surrealista do grande romancista húngaro Krudy,[13] que conta a história de uma viúva que vive por muitos séculos em uma casinha, em uma região muito isolada. A casa é repleta de relógios e de mecanismos de precisão: o marido devia ser um tipo de engenheiro mecânico. Entretanto, na novela não acontece nada importante, há somente o infinito tic-tac, o tempo não passa: é uma eterna, melancólica e vagarosa tarde. A composição para cem metrônomos se baseia nessa recordação. (1984, p.6)

---

13 Gyula Krudy, 1878-1933.

As movimentações temporais, para serem percebidas em suas defasagens, irregularidades e transformações agógicas, precisam sustentar-se e enunciar-se, em algum momento, de maneira rigorosamente métrica (o tic-tac). Essa medida, uma vez instalada em nossa percepção, será então desafiada por um gradual processo de "corrosão", cujo desenvolvimento implacável nos conduzirá ao seu oposto, a uma temporalidade amétrica.

Esse procedimento, que exige a realização do impreciso por meio de uma rigorosa precisão, permite que a percepção se exponha ao justo e instável ponto entre ordem e desordem e revele o tênue limite que separa e que une esses dois termos. Trata-se do confronto entre o desejo de uma precisão absoluta e de uma realidade imprecisa, desnudando a fragilidade e a ilusão que sustentam essa relação cindida e polarizada. Assim, o ideal da precisão perfeita se justifica, esteticamente, na medida em que provoca a consciência dessa questão.

O início do 3º movimento do *2º quarteto* apresenta essa ideia que, no decorrer da obra, é desenvolvida como se fosse um "Tema". Vindos do silêncio, pois as longas pausas já iniciaram o movimento, os quatro instrumentos tocam em *pizzicato* e *con sordina* sete colcheias simultaneamente (compasso 3), estabelecendo homorritmicamente um pulso. Logo em seguida, o processo de "corrosão" do mecanismo se inicia por meio do adensamento horizontal de cada instrumento: o 1º violino introduz, a partir do compasso 4, um número de colcheias sempre crescente, chegando a doze no compasso 7. Esse adensamento será imitado de forma canônica pelos demais instrumentos e todos se estabilizam no compasso 9, com 24 semicolcheias por compasso. Nesse momento, embora homogeneizada pela mesma quantidade de notas, a velocidade das semicolcheias não permite eleger um novo pulso: instala-se uma textura pontilhista amétrica oposta à métrica inicial, concluindo o processo e articulando formalmente o primeiro período.

Outro elemento que começa a aparecer com frequência a partir do *2º quarteto* é o microintervalo, ou microtom. Conhecendo-os muito bem desde os tempos de suas pesquisas com a música fol-

Música: entre o audível e o visível

clórica húngara e romena, com a música eletrônica, e sabendo que são há muito usados no repertório erudito,[14] Ligeti inclui microtons nessa fase de produção e chama a atenção pelo fato de eles se apresentarem em perfeitas condições de audibilidade. Essas condições de audibilidade referem-se especialmente às texturas mais leves nas quais os microtons adquirem um certo realce, tais como solos, duos e pequenos grupos instrumentais. (Obviamente, se inseridos em texturas muito densas do tipo daquelas usadas em *Atmosphères*, eles desapareceriam por completo.)

Uma vez garantido o destaque, Ligeti explorou os múltiplos graus de desvio, flutuação, deformação e indecisão do parâmetro altura que, quando exposto em forma de linha melódica, tem sua qualidade timbrística modificada, e quando agenciado de forma acórdica, produz batimentos entre os intervalos e resulta em uma sonoridade oscilante, instável e "irisada".

Não é um novo sistema de afinação no qual terços, sextos ou qualquer outra fração de tom são matematicamente divididos, mas também não se trata de portamentos ou glissandos. São sons de alturas diferentes, ainda que imprecisas.

A importância dessa sonoridade flutuante alcançada por meio de microtons pode ser verificada em *Ramifications*, para orquestra de cordas ou doze solistas de corda. Essa obra traz, previamente estabelecida, uma diferenciação microtonal entre os instrumentos que, divididos em dois grupos, afinam de acordo com as indicações: Grupo I, *lá* = 453 Hz e Grupo II, 440 Hz. Essa pequena diferença de altura entre as afinações corresponde a um pouco mais que um quarto de tom e, apesar dessas afinações fixas, o compositor alerta, na página introdutória da partitura, que

---

14 A primeira obra escrita com microtons data de 1905, composta por Richard H. Stein (Alemanha) para piano e violoncelo. Apesar de sua pequena representatividade estética, a obra de Stein suscitou, na primeira metade do século XX, discussões teóricas e experimentações práticas que envolveram músicos como Ferruccio Busoni, Juan Carrillo, Alois Haba, Harry Partch e Henry Cowell, para citar apenas os precursores (Haba, 1984).

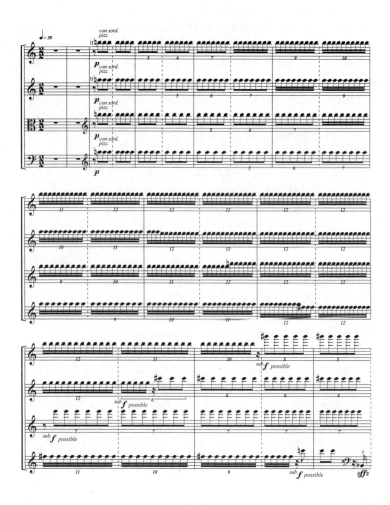

EXEMPLO 24 – Ligeti, *Quarteto de cordas nº 2*, III, compassos 1-12 (1968b, p.17).

Música: entre o audível e o visível

A diferença de um pouco mais que um quarto de tom entre a afinação dos dois grupos é preferível porque há o risco permanente de se equalizar a entonação.[15] A equalização também pode ser evitada se o Grupo I tocar sempre um pouco mais alto do que deveria, e o grupo II, um pouco mais baixo. *Os quartos de tom não são importantes em si mesmos, mas sim os desvios de entonação em torno de um quarto de tom...* (Ligeti, 1970, grifos nossos)

Ainda que o compositor determine que os músicos estejam sentados bem próximos uns aos outros para evitar a estereofonia e garantir a fusão timbrística, o relacionamento dos dois grupos traz para o ouvinte uma sensação de ambiguidade acústica, propondo uma ideia de realidade/irrealidade sonora, descrita por Richard Toop como um jogo no qual se alternam, sem se definirem, um grupo principal e um outro que seria sua "sombra acústica" (1990, p.89).

Apesar da presença de intensos efeitos de *brouillage* e do resultado provocado pelas diferentes afinações, a leveza quase transparente da textura permite que contornos melódicos, movimentos ascendentes, descendentes e contrários, transformações do âmbito intervalar, acordes e figurações rítmicas permaneçam audíveis.

Em outras obras, como no *Double concerto* para flauta, oboé e orquestra (1972), os microtons são obtidos por meio de indicações especiais de dedilhado, modificações de embocadura e de pressão do ar, e grafados de acordo com a notação já convencionada para eles. O primeiro grupo refere-se a sons ¼ de tom acima, e o segundo, a sons ¼ de tom abaixo.

FIGURA 15 – Grafia de microtons.

---

15 Em português, o termo se refere principalmente à voz, mas em alemão, *Stimmung*, e em inglês, *intonation*, abrange também instrumentos que não têm o som fixo e significa ajustar, qualitativa e timbristicamente, a afinação.

A procura de Ligeti por uma textura mais leve, quase oposta aos campos polifônicos supersaturados, atinge, nas *Dez peças para quinteto de sopros*, uma espécie de síntese momentânea de aspectos concernentes a uma polifonia mais transparente e audível, apontando para a ideia de melodia e para a exploração de timbres solistas. Denominadas pelo compositor de "microconcertos", as dez peças estão ordenadas de forma a alternar a sonoridade do *tutti* (peças ímpares) com a dos solistas (peças pares), na sequência: clarinete (peça nº 2), flauta (nº 4), oboé (nº 6), trompa (nº 8) e fagote (nº 10).

As partes reservadas aos solistas exploram, através de pequenas melodias, as potencialidades timbrísticas, expressivas e virtuosísticas máximas de cada instrumento, resultando em uma espécie de desdobramento timbrístico: a sonoridade da flauta se estende com a utilização do *piccolo* e da flauta contralto; ao oboé se agregam os timbres e os registros do corne inglês e o oboé *d'amore*. Ao lado de momentos líricos, há passagens humorísticas nascidas de uma utilização inusitada da sonoridade característica dos instrumentos. Na peça nº 10, por exemplo, a indicação de andamento – *Presto bizzarro e rubato, so schnell wie möglich* (tão rápido quanto possível) – aliada a uma linha cheia de grandes saltos e às indicações constantes de um gesto melódico, que deve ser executado *con violenza*, fazem o fagote realizar verdadeiros malabarismos, desafiando perigosamente a afinação, a história e o uso convencional do instrumento.

Nas peças destinadas ao *tutti*, o timbre também desempenha um papel estruturador: há passagens e ataques nos limites extremos do âmbito, às vezes com indicações de *sub. fff ten., tutta la forza* (súbito fortíssimo que deve ser sustentado com toda a força) em notas que devem ser mantidas sem *diminuendo* (peça nº 1); sofisticados e diferentes tipos de *staccatos* (peça nº 5); exploração dos sons diferenciais[16] (peça nº 9, escrita apenas para os instrumentos agu-

---

16 Sons diferenciais resultantes, também conhecidos como sons de Tartini: quando dois sons são executados simultaneamente, a diferença de suas frequências gera um terceiro som, mais grave. O fenômeno foi descoberto

dos – *piccolo*, oboé e clarinete); além de toda sorte de efeitos de dinâmica e de tensões expressivas.

Ao final da obra, como que celebrando de forma poética e bem-humorada o esforço e o risco dos intérpretes e dos ouvintes, há uma citação de *Através do espelho*, de Lewis Carroll:

> "'mas – ' há uma longa pausa.
> 'Isso é tudo?' Alice timidamente perguntou.
> 'Isso é tudo', disse Humpty Dumpty. 'Adeus!'"
> (apud Ligeti, 1968c, p.35)

Escrito em 1969-1970 para treze solistas, o *Concerto de câmara* pode ser descrito como uma obra que completa o 2º *quarteto* e as *Dez peças*, em virtude, principalmente, da similaridade de texturas e intenções rítmico-melódicas. Sua instrumentação reúne os seguintes naipes: madeiras (flauta e *piccolo*; oboé, oboé *d'amore* e corne inglês; clarinete em *si* ♭, e clarinete baixo), metais (trompa e trombone tenor), teclados (cravo, órgão Hammond ou harmônio, piano e celesta), cordas (quarteto de cordas e contrabaixo).

Reafirma-se, nessa obra, a importância estrutural do timbre na construção de uma textura menos espessa, mais "arejada". Isolados ou agrupados ora de maneira convergente (facilitando a identificação do naipe) ora divergente (individualizando os instrumentos pelo contraste ou fundindo-os em uma mescla timbrística), os timbres possibilitam que o agenciamento de superposição, justaposição ou separação das tramas sonoras seja percebido auditivamente em sua evolução.

Essas tramas, construídas por meio de uma polifonia igualmente mais leve que abdica do cânone estrito, tendem tanto à formação de perfis melódicos quanto a configurações harmônicas. Estas, por

---

pelo compositor e violinista italiano Giuseppi Tartini (1692-1770), em suas pesquisas sobre os fundamentos acústicos da harmonia. Em apresentações ao vivo, são mais audíveis do que em gravações.

sua vez, oscilam entre a nitidez das combinações intervalares e as nuanças do *Klang*,[17] ou seja, dos efeitos timbrísticos dos acordes.

Aberturas e reencontros

Em 1972, Ligeti foi convidado pela Universidade de Stanford, Califórnia, para ministrar cursos de composição. Iniciou, a partir dessa experiência, uma série de novas viagens e contatos com compositores e pesquisadores americanos que lhe apresentaram diferentes linhas de pensamento estético-filosófico não filiadas à "grande tradição" europeia.

No ano seguinte, tornou-se professor de composição na Escola Superior de Música de Hamburgo (cargo que iria ocupar até 1989, quando se aposentou), e o contraste entre as duas instituições o fez valorizar a questão das diferenças culturais.

O convívio com uma mentalidade mais aberta, permeável e receptiva às influências trazidas pelos imigrantes, característica da Costa Oeste americana, fez Ligeti perceber o quanto o pensamento hegemônico europeu havia se fechado em uma arrogante postura de "modelo" a ser copiado pelos outros países. Reconheceu, também, que as culturas dos países do Terceiro Mundo não eram apenas exóticas, mas possuíam uma rica e consistente maneira de relacionar vida e arte, ignorada ou desprezada pelo Primeiro Mundo.

---

17 *Klang*, em alemão, significa som, timbre. No entanto, a partir do início do século XX, em especial com a produção da 2ª Escola de Viena, o termo passou a designar a qualidade psicoacústica do som. O *Klang* de uma nota é o resultado de uma conjunção de fatores extremamente variáveis: frequência, instrumentação, duração, condições acústicas, posição no contexto, habilidades interpretativas e intensidade, entre outros. Um intervalo harmônico ou um acorde tem uma "cor" (um *Klang*) que é mais do que a soma de seus timbres individuais. Os termos *Klangfarbenmelodie* (melodia de timbres), *Klangkomposition* (composição na qual os timbres são o elemento principal) e *Klangakkord* (timbre do acorde) são frequentemente usados em análises de obras que enfatizam o papel do timbre em suas estruturas.

Atraído pelas propostas dos minimalistas Terry Riley e Steve Reich, pelas pesquisas pioneiras de John Chowning e Max Mathews sobre informática e música, mas também pelas posturas de alheamento "mercadológico" e acadêmico praticadas por músicos tais como Conlon Nancarrow, Ligeti reconheceu o quanto a Europa havia se esgotado em discussões estéreis que não faziam mais sentido para ele.

Os resultados desses encontros foram decisivos no encaminhamento de sua produção. Primeiramente, intensificaram suas buscas por músicas de outras culturas, que o levaram, mesmo que indiretamente, ao conhecimento e à admiração da música africana e latino-americana. Em seguida, provocaram o estímulo que lhe faltava para se libertar do autoritarismo imposto pela vanguarda: por que não usar materiais e elementos banidos da composição dita "moderna", tais como formas clássicas e temas, sem temer a execração dos críticos e colegas? Por último, reaproximaram-no da Hungria de uma forma mais consciente e valorativa. Percebeu que havia tentado, durante muito tempo, superar internamente sua condição de imigrante oriundo de uma cultura considerada periférica e inferior, e que o sentimento de desvalorização de suas origens era um equívoco e uma contradição.

Assim, sua produção na década de 1970 foi marcada ao mesmo tempo por uma abertura e por um reencontro.

Em *San Francisco Polyphony* (1973-1974) para grande orquestra, continuou desenvolvendo as ideias de superposições temporais, aproveitando o grande número de instrumentos para torná-la mais complexa. Do ponto de vista melódico, há um nítido realce de uma melodia de timbres muito elaborada, apresentada ora com timbres solistas ora com mesclas. Contrastando com essa proposta melódica, as numerosas passagens harmônicas são estruturadas a partir do âmbito intervalar e da disposição dos sons em superposições cerradas ou abertas que provocam, respectivamente, as sensações de compressão ou compactação e descompressão ou alargamento do espaço auditivo.

As três peças para dois pianos compostas em 1976, *Monument, Selbsportrait mit Reich und Riley (und Chopin ist auch dabei)* (Autorretrato com Reich e Riley [e Chopin também está junto]) e *In zart fliessender Bewegung* (Em um movimento delicado e fluente), sinalizaram o reencontro do compositor com seu instrumento de formação e trouxeram, para o repertório pianístico contemporâneo, uma renovação. Embora diferentes em suas expressões, as três peças têm em comum um desafio proposto para os dois intérpretes: a construção de uma complexa textura polimétrica que chega, em *Monument*, a ter seis camadas diferentes. As defasagens métricas nessa peça aparecem não só como resultado do encontro dos diferentes andamentos e compassos destinados a cada um dos pianistas, mas também da diferenciação dinâmica aplicada a um recorrente conjunto de notas que produzem novos metros sobre o metro estabelecido. É como se a dinâmica barroca de terraços estivesse superposta, criando camadas distintas de intensidade. A respeito dessa primeira peça, ele comenta: "quando a diferenciação dinâmica é feita de forma precisa, a música parece ser tridimensional, como um holograma em um espaço imaginário. Essa ilusão espacial dá à música um caráter estatuário, imóvel" (apud Michel, 1995, p.101).

A segunda peça, também conhecida apenas como *Selbsportrait*, faz alusões à música minimalista e, de uma forma muito longínqua, à escrita pianística de Chopin, em especial ao *Presto* da Sonata em *si* ♭ menor. Apresenta ainda um recurso técnico particular, as teclas bloqueadas, que reaparecerá como "tema" e título do Estudo nº 3, *Touches bloquées* (1995). Uma das mãos pressiona algumas notas sem tocá-las enquanto a outra "passeia", com desenhos ascendentes e descendentes no mesmo registro, tocando tanto as teclas soltas (notas escritas em tamanho maior) quanto as bloqueadas (notas menores). Isso resulta sonoramente em uma irregularidade rítmica que se contrapõe à regularidade do movimento dos dedos e da escrita.[18]

---

18 Ao lado da dificuldade, certamente esse recurso não deixa de ser divertido para o pianista, pois é como se ele estivesse tocando em um velho piano "banguela", isto é, com teclas já "naturalmente" presas.

A terceira peça, cujo título também é comumente abreviado em uma só palavra, *Bewegung*, contém um complexo cânone em espelho, que dificilmente pode ser ouvido se os dois pianistas estiverem em perfeito equilíbrio sonoro. Seria, segundo o compositor, o estado "líquido" de *Monument*.

Após a estreia da ópera *Le grand macabre* (1975-1977), Ligeti revelaria seu lado autocrítico de artesão incansável. Admitiu que a obra, embora considerada por muitos críticos o ponto alto de sua produção da década de 1970, trazia algumas imperfeições que mereceriam ser revistas. No encarte do CD que traz a última revisão feita em 1996-1997 (Sony, György Ligeti Edition, v.8), o compositor comenta suas decepções e as inúmeras reformulações que essa obra foi sofrendo ao longo de quase vinte anos.

Reconheceu primeiramente que a obra não era viável em muitos aspectos – alguns trechos utópicos para instrumentistas e cantores, por exemplo – e, conforme as montagens se sucediam, foi identificando outros problemas à luz de uma maior experiência e maturidade adquiridas durante esse período. No geral, entre a primeira versão e a última revisão (definitiva, segundo Ligeti), a obra foi sendo compactada, ganhando maior equilíbrio em seus aspectos formais. Nas partes faladas, os versos muito longos provocavam verdadeiros hiatos entre as partes musicais e, por isso, ou foram abreviados ou transformados em música. Alguns diálogos foram simplesmente suprimidos, assim como o entreato entre o 2º e o 3º quadros (cenas). A orquestração tornou-se mais leve e ágil, e algumas passagens instrumentais e vocais, que tecnicamente beiravam o infactível, foram reescritas. A *passacaglia* (*finale*) foi significativamente alterada: tornou-se um pouco mais longa, e sua parte final, que antes terminava de forma abrupta, foi substituída por um *diminuendo* progressivo.

Ao contrário de muitas obras expressionistas que tratam o tema da morte de uma forma ainda muito romântica, com excessivas doses de angústia existencial e de eloquência patética e sinistra, Ligeti construiu em seu *Grand macabre* um clima irônico, debochado ao mesmo tempo que crítico e desconcertante, próximo ao teatro do absurdo, a Alfred Jarry e a Samuel Beckett. Aspectos cômicos e sérios se misturam em um jogo de ambiguidades entre o risível e o medo, a ridicularização e a fatalidade, o escárnio e a credulidade. Sua fonte literária e teatral foi a obra *La ballade du grand macabre*, escrita em 1934 pelo belga Michel de Ghelderode (1898-1962), e, segundo Ligeti, sua ópera

> insere-se na tradição das danças da morte da Idade Média, dos mistérios, do teatro de marionetes, do teatro de feira, e refere-se também à ópera do século XVIII e à antiópera de Kagel ... é uma grande história em quadrinhos, ilustrando um mundo no qual coabitariam Ionesco, Kafka, Boris Vian e Lewis Carrol. (p.73, 1981)

Musicalmente, esse mundo multifacetado é traduzido por procedimentos de colagem de pequenos e contrastantes eventos que se justapõem ou superpõem para criar a ideia de um espaço e de um tempo caóticos, com direções e limites que se atraem e se repelem simultaneamente, um lugar, enfim, onde tudo pode acontecer. Especialmente sarcásticas são as alusões musicais feitas a Schubert, Rameau, Liszt e outros. Na verdade, trata-se de falsas citações, ou seja, Ligeti fez citações de um procedimento que muitas escolas ainda hoje impõem a seus alunos: compor exercícios de harmonia e contraponto ao estilo de um determinado compositor, de forma que suas características idiomáticas principais sejam realçadas. Assim, os "climas lisztianos ou chopinianos", por exemplo, soam ridículos, pois são citações de uma imitação. A descrição da obra, feita pelo próprio compositor, é a seguinte:

> Esta obra é um *pot-au-feu*,[19] uma música que sai da lixeira. Ela começa com uma *toccata*, à maneira de Monteverdi, na qual os trompetes, os clarinetes e os trombones são substituídos por doze buzinas de carro. Sua sonoridade sufocada, quebrada, simboliza a "Breughelland", a terra de Breughel, onde se passa a ação. Eu a

---

19 Sopa típica francesa, feita de carne e legumes.

resumo brevemente. O grande personagem macabro, Nekrotzar (talvez a própria morte, talvez um impostor) chega à cidade e anuncia que naquela mesma noite, à meia-noite, ele reduzirá todo mundo a pó. Mas a população, muito despreocupada, bebe, come e faz amor sem limites. Depois de mil peripécias, o grande macabro vai até o príncipe Go-Go, uma espécie de pai Ubu infantilizado, manipulado por ministros corruptos e por uma polícia secreta totalmente ineficaz. Fazem-no beber copiosamente. Meia-noite passa e nada acontece. Somente o grande macabro, não podendo suportar seu fracasso, morre e é enterrado com muita festa. (1981, p.73)

A competência para ironizar musicalmente algumas vertentes composicionais restauradoras, tais como o neotonalismo, aparece em *Hungarian Rock* e *Passacaglia Ungherese* para cravo, ambas de 1978. Acordes e cadências de uma harmonia neotonal unem-se a elementos melódicos e rítmicos tipicamente húngaros para criar uma sonoridade incomodamente anacrônica, assumidamente *déjà vue*, ou melhor dizendo, *déjà entendue*.

Estas duas peças são ao mesmo tempo irônicas, pop e húngaras. Foram concebidas como comentários às composições de certos alunos meus e comportam também um aspecto polêmico. Eu sou, efetivamente, muito crítico a respeito da tendência neotonal e neorromântica. Tentei, nessas peças, discutir de uma certa maneira essa questão sob a forma de um pastiche ao invés de fazê-lo verbalmente. (apud Michel, 1990, p.105)

Momento de crise

Ao mesmo tempo em que criticava abertamente todo e qualquer tipo de tendência "neo", Ligeti compôs, em 1982, sua obra mais polêmica em termos de posicionamento estético, o *Trio para trompa, violino e piano*. Até hoje tida por muitos como um retrocesso, alguns críticos não o perdoam por essa obra, justificando-a como resultado de um período de crise e de esgotamento criativo que teria começado após a criação de *Le grand macabre*.

Efetivamente, entre 1978 e 1982, Ligeti passou por uma fase na qual problemas de saúde levaram-no ao hospital repetidas vezes, forçando-o a fazer uma pausa em suas atividades e viagens. Mas, como ele diz em uma entrevista a Monika Lichtenfeld,

> a razão dessa pausa é devida mais à situação que acabei de descrever [a crise geral enfrentada por todos os artistas que se recusavam tanto a aderir a correntes restauradoras quanto a se repetir] do que à doença. Eu observo em meus contemporâneos uma mudança radical – não somente em direção à tonalidade, mas principalmente em direção a uma gestualidade musical que provém dos tempos passados, da virada do século, talvez ... eu observo isso em uma parte dos jovens compositores. Sou muito crítico em relação à tendência do novo romantismo e do novo expressionismo ... Por outro lado, parece-me igualmente problemático continuar a compor segundo os velhos procedimentos "vanguardistas": *clusters*, micropolifonia e outras técnicas semelhantes; eu já as utilizei e não se pode sempre repeti-las. (1984, p.45)

Durante esses quatro anos, Ligeti trabalhou muito, embora não tenha finalizado nenhuma obra. Recomeçou quase vinte vezes o *Concerto para piano e orquestra* sem concluí-lo, mas, mesmo assim, continuou suas pesquisas a respeito de novas concepções polimétricas suscitadas por suas viagens à Califórnia.

As obras que marcaram o final desse período de silêncio – o *Trio para trompa, violino e piano,* as *Três fantasias para coro sobre poemas de Hölderlin*, ambas de 1982, e os *Magyar Etüdök* [*Estudos húngaros*], de 1983 – sinalizaram um verdadeiro afastamento de seu estilo dos anos 60/70. Isso não quer dizer que ele tenha abandonado seu amor pelo contraponto e pela polirritmia, pois eles continuam presentes nessas obras, mas alguns elementos até então estranhos à sua poética começaram a aparecer.

O *Trio*, que tem como subtítulo *Hommage à Brahms*, traz algumas referências a esse autor, em razão de seu famoso *Trio para trompa em mi♭ maior,* op. 40. Mas, como o próprio compositor reconhece, há mais de Beethoven do que de Brahms nessa obra, e é esse, justamente, o aspecto causador de sua rejeição pelos críticos: o desenvolvimento de um trabalho temático-formal à maneira da grande tradição beethoveniana. Além das alusões longínquas às Sonatas op. 81a, *Les Adieux*, e op. 101, Ligeti se deu o direito de usar, de forma não sistemática, um idioma "diatônico não tonal" para construir harmonias consonantes e ideias motívicas que resultam em melodias. Ritmicamente, a complexidade característica de seu estilo está na base de camadas rítmicas divergentes, e, em relação aos aspectos formais, a repetição de elementos já expostos e a concatenação de seus quatro movimentos, com um A B A entre o 1º e 3º movimentos, levaram-no a romper "um tabu da música contemporânea que proibia a composição de formas A B A" (apud Michel, 1995, p.116).

Taxado de conservador e até de traidor, Ligeti passou a receber uma série de ataques por parte de críticos, musicólogos e analistas. Percebe-se que em várias entrevistas realizadas durante os anos que se seguiram à estreia do *Trio* um dos assuntos obrigatórios era essa sua "volta ao passado". Em 1984, ele dizia:

> De fato, eu sempre tive uma dupla relação com a tradição, mesmo nos períodos de experimentação selvagem. Por um lado, recebi uma formação muito severa e tradicional na Escola Superior de Música de Budapeste. Por outro, o passado musical sempre desempenhou um papel importante em minha música – mesmo quando aderi à tendência dita experimental, da qual acredito ainda fazer parte – não no nível da citação nem como disciplina artesanal, mas sim como aura, como alusão. A linguagem do trio para trompa talvez seja diferente, sob certos aspectos, de minhas obras anteriores. As linhas melódicas talvez sejam desenvolvidas de maneira muito mais evidente, como figuras autônomas ... Em todo caso, eu tive a ideia de dar uma olhada no passado, em direção ao fim do século XIX. Agora, até que ponto este trio é novo ou ligado à tradição? O julgamento é tarefa dos ouvintes. (Lichtenfeld, 1984, p.46-7)

Passados alguns anos, em 1987, ele reconheceu: "certos aspectos tradicionalistas emergem em meu trabalho de composição da segunda metade dos anos 70 e início dos anos 80; eu penso no *Grand macabre* e no *Trio* para trompa. Entretanto, considero isso mais como uma fase de transição pessoal" (Gottwald, 1987, p.224).

Dois anos depois, em 1989, admitiu que "sim, pode-se dizer que o *Trio* possui traços pós-modernos no sentido em que se fala de pós-modernidade em arquitetura, por exemplo (uma arquitetura que eu detesto cada vez mais!). Hoje sou um pouco crítico com esse aspecto da obra, particularmente no que concerne a certos aspectos formais – as construções A B A, por exemplo" (apud Michel, 1995, p.118).

Com mais distanciamento ainda, em 1991, e com uma postura mais solta em relação à polêmica, Ligeti mostrou o quanto já estava cansado do assunto:

> Durante os anos 70, gradualmente, tive muitas dúvidas sobre as normas estéticas da vanguarda ... Sempre mantive uma certa distância crítica e, nos anos 70, tornei-me cada vez mais intolerante com uma parte de minha alma que pertence à vanguarda (por exemplo, peças como *Aventures* e *Nouvelles aventures*) e me afastei disso ... No início dos anos 80 – foi a fase da grande influência vinda de meu amor pela música latino-americana, o samba brasileiro – houve também uma reação e eu disse para mim mesmo: estou cheio de toda a vanguarda, eu faço, no momento, qualquer coisa voluntariamente conservadora e eu a dedico a Brahms! (apud Michel, 1995, p.113)

Em suas *Três fantasias para coro sobre poemas de Hölderlin* para 16 vozes mistas, a novidade se encontra principalmente no tratamento dado ao texto em sua relação com a música. Esta dimensão, profundamente enraizada em sua memória graças ao intenso trabalho realizado em Budapeste com as propostas de Kodaly, reapareceu para Ligeti de uma forma especial: ele pareceu ter feito as pazes com a ideia de explorar o conteúdo semântico de um poema, permitindo que, em muitos momentos, o agenciamento das vozes se submetesse ou ao critério da inteligibilidade das palavras, ou a efeitos de realce das imagens. Assim, passagens homorrítmicas (nota contra nota) surgem, no meio de um sofisticado contraponto, para sublinhar a compreensão de versos importantes na construção das imagens poéticas. Procedimentos madrigalescos surgem em diversos trechos, tais como o "desabrochar" de um cânone em todas as vozes para descrever a frase *Unzählig bluhen die Rosen* (Incontáveis, florescem as rosas), na terceira fantasia, e um diminuendo com a indicação *morendo al niente*... para enfatizar a frase *Wenn aus der Ferne* (Quando, de longe), no final da segunda fantasia.

Nesse ciclo aparece também o intervalo denominado por ele de 3ª neutra, ou seja, uma 3ª que se situa entre a 3ª maior e a menor. No início da primeira fantasia, três afinações diferentes da nota *lá* se superpõem ao *fá*, resultando em uma sonoridade ambígua e delicada.

Nas peças que compõem o ciclo *Magyar Etudök* [*Estudos húngaros*], também para coro misto de 16 vozes, a importância do texto tornou-se ainda maior. Sobre poemas do húngaro Sandor Wöeres, poeta que Ligeti considerava o mais musical de todos, a presença intensa de madrigalismos parece ser o fio condutor de seu trabalho: a escolha de textos repletos de onomatopeias e aliterações já é um indício de suas intenções. No primeiro estudo, a imagem musical de gotas d'água é feita por uma textura pontilhista, com valores de duração muito curtos e com inúmeras pausas que separam pequenos motivos. O segundo estudo apresenta dois textos que descrevem musicalmente o coaxar de rãs, com muitas onomatopeias divertidas, e os sons contínuos de um tropel e de uma colmeia. No terceiro estudo, cinco poemas cantados simultaneamente evocam a movimentação de uma feira. Para reconstituir a agitação e a multiplicidade dos acontecimentos simultâneos de uma feira, o compositor divide o coro em cinco grupos, cada qual com um pregão característico, um andamento e um perfil rítmico-melódico diferente. A sonoridade global resulta em uma complexa polimetria cujo efeito polifônico se aproxima, com as devidas reservas, da *chanson* de Clément Jannequin (1485-1558), *Les cris de Paris*.

O reaparecimento de elementos musicais tipicamente húngaros e de procedimentos composicionais ligados à sua fase de formação em Budapeste teria, segundo Ligeti, uma razão simples: com 61 anos, ele estava com saudade de sua pátria.

No que se refere à minha situação atual, creio que se trata menos de um retorno a um estilo de composição *à la* Bartók do que algo mais geral e mais global: um sentimento de nostalgia da pátria, de melancolia ligada sem dúvida ao fato de que eu estou envelhecendo ... Acredito que ao envelhecermos isso se torna importante. Eu me senti sempre particularmente ligado à minha língua materna húngara e isso se apresenta para mim de forma mais intensa hoje em dia, em minhas composições também – não somente nas peças para coro, mas também talvez no primeiro movimento do trio para trompa, no qual uma mudança nítida do discurso musical, que assume o folclore húngaro, é particularmente significativa. (Lichtenfeld, 1984, p.47)

Último caminhos

Na segunda metade da década de 1980, com a saúde reestabelecida e com a característica inquietude estético-intelectual renovada, Ligeti pareceu ter reencontrado a energia e o élan necessários para criar obras de grande envergadura tanto estética quanto técnica. Acima de todos os aspectos musicais que se tornaram linhas mestras de seu pensamento, as pesquisas sobre a polifonia e a polimetria – verdadeiras "obsessões" ligetianas – ganharam novos impulsos, unificando suas composições, desde as primeiras até as mais recentes, em uma espécie de "tratado poético" sobre o assunto.

As obras compostas a partir de 1985 são: *Concerto para piano e orquestra* (1985-1988), *Nonsense Madrigals* (1988-1989) para seis vozes masculinas, *Estudos para piano* – livro I (1985), livro II (1988-1994) e livro III (1995-2001), *Concerto para violino e orquestra* (1990), *Sonata para viola solo* (1991-1994), o ciclo de canções *Síppal, dobbal, nádihegeduvel* (2000) e o *Hamburgisches Konzert* para trompa solo e orquestra de câmara (2001).

Em suas "andanças" auditivas, culturais, geográficas e históricas, Ligeti reconheceu inúmeras vezes em entrevistas ter sido influenciado, ou, como ele diz, estimulado por ideias aparentemente paradoxais: a música da África Central, as descobertas científicas de Mandelbrot e do Instituto Tecnológico de Massachussets (MIT), a técnica da *Ars subtilior* e a música de Nancarrow.

Graças ao trabalho dos etnomusicólogos Simha Arom e Gerhard Kubik, em 1984 Ligeti conheceu a música tradicional da África Central (Camarões, República da África Central) e de outras regiões (Uganda, Malawi, Zimbábue). Sua fascinação pela "pulsação elementar" (pulsação muito rápida e constante, sem acentuação e às vezes silenciosa, feita por movimentos corporais) o levou à compreensão de outros elementos constitutivos da música dessas culturas: a noção de ciclos rítmicos de longo tamanho, assimétricos (12 pulsos, em combinação de 5 + 7, por exemplo), que permitem a coordenação de "períodos" simétricos e assimétricos simultaneamente. Um aspecto que muito o atraiu foi a sensação física que essas estruturas temporais suscitavam: sua apreensão não se dava por meio de uma racionalização temporal, mas por uma vivência corporal imediata. Seu interesse por essa qualidade de vivência rítmica estendeu-se ao samba, às músicas do Caribe e ao jazz.

Ao mesmo tempo em que descobria essa "primitiva" e complexa forma de fazer música, Ligeti se inteirava sobre os avanços realizados no campo da ciência, em especial sobre a teoria do caos. As pesquisas de Edward Lorenz no MIT, que conduziriam à formulação da teoria dos atratores estranhos, e as de Benoît Mandelbrot, sobre a geometria fractal, abriram-lhe novos horizontes criativos. Sua postura diante dos possíveis relacionamentos entre a ciência e a arte, no entanto, continuou sendo cautelosa, recusando-se a pensar em uma transposição direta de dados científicos para o campo da música: "Sustento firmemente meu rechaço pela composição 'cientificista', pseudocientífica, como ideologia pura (mas isto não se refere aos sons gerados por computador – muito pelo contrário!

O 'futuro' da composição assistida por computador apenas começou!)" (Ligeti, 1996a).

A continuidade de sua pesquisa sobre métrica e polifonia levou o compositor a aprofundar seus conhecimentos sobre a produção de um grupo de compositores ocidentais do final do século XIV, conhecidos como os mestres progressistas da *Ars subtilior*.[20] Essa "arte mais sutil" caracterizou-se por um refinamento e uma sofisticação da escrita mensurada, ao mesmo tempo em que levou as conquistas polifônicas da *Ars nova* a um grau muito maior de complexidade. Os principais nomes da *Ars subtilior* são franceses, ligados ao Codex de Chantilly: Baude Cordier, Jean Galiot, Couvelier, Philippus de Caserta, Jacob de Sencheles, Solage, além do belga Johannes Ciconia.

Sobre a importância desse estudo em sua poética composicional, Ligeti disse:

> Em minha etapa "micropolifônica", os mestres flamengos do final do século XV e início do XVI eram meus modelos, mas durante os anos 80 fui atraído cada vez mais pela complexidade rítmico-métrica do período anterior, a fase da notação mensural. Comecei a trabalhar com a música de Machaut, Solage, Sencheles, Ciconia, e Dufay, e desse trabalho retirei indiretamente – já que não se tratava de influências de caráter estilístico e sim de procedimentos técnicos – muito proveito, por exemplo, para meus *Estudos para piano*, meu *Concerto para piano* e os *Nonsense madrigals* ... Isto significou, para mim, sacrificar a micropolifonia em favor de uma polifonia mais de desenho geométrico, ritmicamente "polidimensional". Com o conceito de "polidimensional" não quero dizer nada abstrato, mas a simulação acústica de uma profundidade espacial objetivamente inexistente em uma peça musical em si, mas que se produz em nossa percepção como se se tratasse de uma imagem estereoscópica. (Ligeti, 1996a)

---

20 Do latim, a arte mais sutil.

A música e a figura ímpar de Conlon Nancarrow[21] haviam deixado, desde o início da década de 1970, profundas impressões em Ligeti. Em sua série de sessenta *Studies for player piano* [*Estudos para pianola*] iniciada em 1940, Nancarrow atingiu um grau de sutilezas e complexidades rítmico-melódicas nunca imaginadas e apenas factíveis porque a pianola permite grande precisão e velocidade de andamento. Atraído também pelo fato de a pianola ser mais um *mecanismo di precisione* acústico cujo timbre singular permite que alturas e durações sejam nitidamente ouvidas, Ligeti confessou ter sido esse um encontro decisivo em sua vida (1996a).

Perfurando os rolos da pianola de forma quase artesanal, Nancarrow criou, na verdade, estudos sobre os limites da percepção em seus aspectos relativos à temporalidade. Superposição de métricas e de tempos (andamentos) diferentes, motivos e frases rítmicas "irracionais", cruzamento de velocidades opostas, isto é, movimentação de uma camada que acelera progressivamente seu andamento enquanto outra inicia, simultaneamente, um processo de desaceleração,[22] e inúmeras outras formas de agenciamento temporal, fasci-

---

21 Compositor mexicano nascido em 1912. Desde 1940, compõe quase exclusivamente para pianola. Isolado dos modismos do meio musical erudito, Nancarrow cultiva a tal ponto um amor pelas complexidades rítmicas e pela superposição de andamentos que suas composições ultrapassam as possibilidades humanas de execução. Em sua poética coabitam o *blues*, Bach, Fats Waller, Charlie Parker, Ockeghem e ritmos do Caribe. As "dissonâncias temporais", resultado das constantes superposições de andamentos e de camadas métricas diferentes, são características de suas obras. Sua música só veio a ser conhecida a partir dos anos 70, quando Ligeti a "apresentou" à Europa.

22 Este é o "tema" do Estudo no 21, cujo título *Canon X* só tem seu significado elucidado depois de termos percebido essa movimentação temporal cruzada: o xis maiúsculo não é um algarismo romano, nem uma letra, é o aspecto gráfico da ideia musical. Guardadas as enormes diferenças, seria possível fazer um paralelo perceptivo desse Estudo com o rondó *Ma fin est mon commencement* (Meu fim é o meu começo), de Guillaume de Machaut (c.1300-1377), cujo princípio estrutural e título também são charadas que levam o ouvinte a se "divertir" com a ideia da reversibilidade temporal.

naram e trouxeram para Ligeti a confirmação de que suas inquietações estéticas estavam sendo compartilhadas por outros artistas.

Todas essas ideias, vindas de fontes aparentemente tão díspares, uniram-se para formar a base compositiva das obras desse período. A combinação da técnica da notação mensural com a ideia da pulsação super-rápida da música africana, e a junção do princípio de imprevisibilidade da teoria do caos com as politemporalidades de Nancarrow resultaram em obras extremamente complexas, que, novamente, apontam para um paradoxo perceptivo e interpretativo: uma música que demanda do intérprete uma vivência rítmica física e concreta provoca a percepção de uma temporalidade "abstrata", corporalmente vivida como não rítmica. O *Concerto para piano* e os *Estudos* são obras exemplares a esse respeito.

Ao lado do pregnante aspecto rítmico-temporal, outras características marcam a produção ligetiana das décadas de 1980 e 1990. A polifonia está sempre presente, mas muito mais transparente em termos melódicos; as harmonias baseiam-se, de forma não sistemática, tanto em um reservatório de sons tirados de diversas gamas (tons inteiros, pentatônicas, artificiais e modos) quanto em afinações não temperadas uniformemente; a orquestração amplia-se em combinações raras, valendo-se de instrumentos de altura e afinação imprecisas.

No *Concerto para piano* encontram-se presentes as sonoridades da flauta de êmbolo e da ocarina contralto, a flauta *piccolo* executa suas partes no registro grave enquanto o fagote explora sua região mais aguda, o trompete e o trombone utilizam surdinas. No *Concerto para violino* são quatro ocarinas diferentes tocando simultaneamente, duas flautas de êmbolo e duas flautas doces (soprano e contralto) executam acordes que produzem uma harmonia impura, o trombone e as trompas tocam harmônicos naturais e, para completar a estranheza, os timbres de um violino e de uma viola exploram afinações diferentes (*scordatura*).[23] Essa orquestração aparece com

---

23 Do italiano, *scordare*, desafinar, discordar. Muito usada nos séculos XVI e XVII, a *scordatura* consiste em afinar uma ou mais cordas do instrumento

destaque nos movimentos lentos dos dois concertos, ou seja, não são apenas efeitos passageiros, são sonoridades constitutivas do ambiente harmônico e timbrístico das obras.

É importante reparar que, em suas últimas obras, o piano veio progressivamente tornando-se um instrumento privilegiado, tanto em número de obras a ele destinadas quanto em propostas de renovação técnica, expressiva e estilística. Esse redescobrimento afetivo e estético de seu instrumento "original" pode ser acompanhado desde 1976, com as três peças para dois pianos, *Monument, Bewegung* e *Selbsportrait*, passando pelo *Trio* (1982) e chegando ao *Concerto para piano* e, principalmente, aos três livros de *Études*.

Essa série inscreve-se na literatura pianística como obra basilar, alinhando-se aos *Estudos* de Chopin, Liszt, Debussy, Scriabin e Rachmaninoff. Dificílimos, tanto do ponto de vista técnico quanto musical, seus *Estudos* mostraram que, contrariamente ao que muitos acreditavam, o piano não havia ainda esgotado suas potencialidades: Ligeti usava o piano acusticamente "limpo", sem distorções eletrônicas, sem "preparações" à la Cage, ou qualquer outro adicional que pudesse desdobrar seus recursos. Todos os efeitos expressivos e técnicos estão sob responsabilidade exclusiva do intérprete.

No encarte que acompanha a gravação dos *Études* realizada pelo pianista Pierre Laurent Aymard (v.3, 1996b), o compositor falou

---

em alturas diferentes do usual. Geralmente eram as cordas extremas que subiam ou abaixavam e a medida variava, desde um tom até uma quinta. A *scordatura* amplia o âmbito total do instrumento, facilita a execução de intervalos de 8ª e de 10ª, arpejos e acordes, e, principalmente, modifica seu timbre: aumenta o brilho (cordas mais tensas têm mais volume), reforça a função dos acordes (as cordas soltas reverberam mais), e produz sonoridades mistas (combinações de cordas com e sem *scordaturas*). Esse recurso caiu em desuso na 2ª metade do século XVIII, quando as orquestras definiram a homogeneidade sonora como ideal (quanto mais *scordaturas*, menos o instrumento se parece com ele mesmo) e também por questões práticas: os instrumentos não resistiam a tantas mudanças de tensão, os dedilhados e a escrita dificultavam o acesso do músico diletante ao repertório, entre outras.

longamente sobre eles. Confessou que compôs estudos porque havia sonhado ser um grande pianista. Como isso não foi possível, por diversas razões, sentiu-se estimulado a desafiar composicionalmente sua inabilidade, indo em busca do que mais lhe faltava: a técnica pianística. Seu conceito de técnica enfatiza o contato físico com o instrumento, cujas sensações táteis são quase mais importantes que as acústicas. Por isso, diz ter ido buscar o repertório de quatro compositores que, segundo ele, pensaram pianisticamente sobre esse aspecto: Scarlatti, Chopin, Schumann e Debussy. Como exemplo, Ligeti cita Chopin: "um giro melódico ou uma figura de acompanhamento chopinianos não são apenas ouvidos, são experimentados também como uma modelagem tátil, como uma sucessão de esforços musculares. Uma obra bem construída para piano produz um prazer físico" (p.9).

Ainda sobre esse tema, Ligeti acrescenta que seus conhecimentos sobre a música africana lhe trouxeram ideias sobre como transpor e intensificar, no teclado, o prazer motor e acústico que aqueles percussionistas experimentam e expressam. A ligação do piano com a música africana, por mais disparatada que possa parecer, torna-se, nas mãos de Ligeti, o eixo idiomático dos *Études*: as possibilidades percussivas do piano e o potencial infinito de graus de acentuação permitem que suas intenções cinético-rítmicas se realizem. Além disso, muitos dos estudos têm a pulsação africana, super-rápida e sem acentuação, enfatizando uma movimentação sonora e física contínua, à maneira de um moto-perpétuo, sobre o qual são realizadas intrincadas combinações polirrítmicas, polimétricas e politemporais.

Para o compositor, duas ideias principais nortearam sua inspiração: a primeira refere-se a um pensamento musical construído sobre padrões de movimento, diferente da noção de métrica europeia, e a segunda se dirige para a criação de configurações melódico-rítmicas ilusórias. Ouvidas, mas não executadas, essas ilusões nascem da combinação de duas ou mais vozes reais, e assemelham-se, segundo ele, à perspectiva impossível de Escher. Citando o Estudo nº 6 do primeiro livro, *Outono em Varsóvia*, ele explica como essa ilusão acontece: sobre uma base de semicolcheias que seguem quase o tempo todo ininterruptamente (o pulso superrápido africano), começa a ser explorada a superposição de andamentos: "Um único pianista com apenas duas mãos parece estar tocando simultaneamente em duas, três, e, às vezes, em quatro velocidades diferentes" (p.10). Essa ilusão é provocada pela distribuição irregular dos acentos que, unidos a configurações melódicas ou acórdicas recorrentes, fazem o ouvido "separar" diversas camadas temporais.

Além desses comentários feitos por Ligeti, pôde-se observar que a sensação física do pianista, de prazer e de risco, é inevitável: na primeira parte, essas semicolcheias são oitavas sucessivas, feitas pela mão esquerda que atravessa toda a região central do teclado. Vão do registro 2 até o 5 (o *dó* 3 está sendo considerado central), ora ascendendo de maneira regular (*mi* ♭ 2, 3, 4 e 5, nos "compassos" iniciais), ora de maneira quebrada (*ré* 2, 3, 5 e 3, no "compasso" 10), ou ainda em outras combinações. É interessante comentar ainda que a indicação de andamento, *Presto cantabile*, parece um paradoxo, pois historicamente esses dois termos geralmente sugeriam gestos musicais opostos. A conciliação de ambos, neste caso, evidencia o conceito ligetiano de técnica: fruição cinética e sonora dos movimentos no instrumento. O trecho final também é exemplar a esse respeito: as duas mãos descem, cromática e vertiginosamente no registro mais grave do piano. A mão esquerda começa descendo em oitavas simultâneas, até chegar à nota *lá* -2, última nota do teclado. Como se não quisesse interromper o frenesi do movimento, ela continua descendo, agora sem oitavar a escala, até chegar novamente ao final do teclado. Como a mão direita ainda não acabou sua descida, a esquerda faz um minúsculo movimento ascendente para retomar a descida, que finaliza com o *lá* -2, de forma violenta. A impressão que se tem é que o movimento parou porque se acabaram as teclas – se o piano tivesse mais notas, poder-se-ia imaginar que as mãos continuariam eternamente nesse movimento embriagante.

Por fim, Ligeti revela que outras influências importantes podem ser ouvidas nos *Études*: o pianismo jazzístico de Thelonious Monk e Bill Evans (em especial no *Étude no 5, Arc-en-ciel*); o padrão de deformação topológica e as formas idênticas a si mesmas da geometria fractal; e, sem dúvida, as sutilezas rítmico-melódicas de Nancarrow.

EXEMPLO 25 – Ligeti, *Estudo nº 6*, livro 1, compassos finais (1985, p.37-8).

Um aspecto a ser comentado sobre suas últimas obras é a presença da voz masculina *a cappella* (*Nonsense madrigals*), de instrumentos de cordas solistas (*Concerto para violino* e *Sonata para viola*) e da poesia de Sándor Weöres (*Síppal, dobbal, nádihegedüvel: Weöres Sándor versiere*). Lembra-se que, ao lado do piano, a voz do canto popular húngaro e o violino estiveram intensamente presentes em sua infância e em seu período de formação. Uma das razões dessas escolhas poderia estar relacionada com o seu confesso desejo de "voltar para casa"?

Em 1996, Ligeti recebeu o International Music Council/Unesco Prize, juntamente com Mercedes Sosa e a Fundação Paul Sacher. Esse prêmio, destinado a músicos e instituições musicais que tenham contribuído para a paz, o diálogo e a cooperação internacional, corroborou a magnitude da obra e do posicionamento artístico de Ligeti no cenário mundial. Em outubro de 2000, recebeu o Prêmio Sibelius, da Whuri Foundation em Helsinque e o Kyoto-Prize for Arts and Science lhe foi conferido em 2001, pelo conjunto de sua obra. Em 2003, a cidade de Frankfurt lhe outorgou o Prêmio Theodor W. Adorno.

Síppal, dobbal, nádihegedüvel: Weöres Sándor versiere (com flautas, tambores e violinos, sobre poemas de Sándor Weöres), ciclo de canções para *mezzosoprano* e conjunto de percussão estreou em novembro de 2000, no Festival de Metz, França. Em 20 de janeiro de 2001 aconteceu a estreia do *Hamburgisches Konzert* para trompa e orquestra de câmara, no Studio Rolf Liebermann da Norddeutschland Rundfunk (Rádio da Alemanha do Norte) em Hamburgo.

Em sua última década de vida, Ligeti seguiu reafirmando sua liberdade poética e sua honestidade artística:

> Atualmente, não tenho nenhuma ideia fixa de onde tudo isso vai dar; não tenho nenhuma visão definitiva do futuro, nenhum plano geral, a não ser que avanço de obra em obra apalpando em distintas direções, como um cego em um labirinto. Quando se deu um novo passo, este já é parte do passado e então se nos apresenta à mente um sem-número de caminhos alternativos para o seguinte passo possível. (1996a)

Análise de obra: Continuum *para cravo solo*

O "renascimento" do cravo no século XX deu-se a partir das ações e concertos de Wanda Landowska (1879-1959) que, nas décadas de 1910 e 1920, havia atingido grande notoriedade. Como no início do século o cravo era apenas um instrumento antigo, histórico, e os bons exemplares encontravam-se em museus, Landowska encomendou um modelo na fábrica Pleyel, em 1912. Esse instrumento, bastante diferente daquele usado no século XVIII – maior, mais resistente, com pedais, mas com uma sonoridade mais reduzida em virtude do material usado em sua fabricação – atraiu inúmeros compositores. Frank Martin (1890-1947) compôs uma *Petite symphonie concertante*, um *Concerto para cravo*, uma *Ballade* e uma *Pièce brève* para flauta, oboé e cravo. F. Poulenc (1899-1963) escreveu o *Concerto campestre* e Manuel del Falla (1876-1946) também compôs um *Concerto para cravo*, ambos dedicados a Landowska. O tcheco Bohuslav Martinu (1890-1959) escreveu *Duas peças*, uma *Sonata* e dois *Improvisos* para cravo solo. Stravinsky (1882-1971) utilizou o cravo no movimento *concertato* de sua ópera *The Rake's progress*, e Bartók (1881-1945) admitiu que muitas das peças de sua série *Mikrokosmos* para piano poderiam ser interpretadas ao cravo.

Assim, quando Ligeti recebeu a encomenda da cravista suíça Antoinette Vischer, para escrever uma peça para cravo solo, os recursos técnicos e expressivos desse "novo" instrumento já haviam sido razoavelmente explorados. Em janeiro de 1968, ele compôs o *Continuum*,[24] obra na qual explora, técnica e sonoramente, o mecanismo de um cravo moderno de dois manuais, com pedais para as mudanças de registros[25] e para o acoplamento.[26]

Inúmeros aspectos chamam a atenção nessa peça. Inicialmente, a competência e a sensibilidade de Ligeti na abordagem das potencialidades e particularidades técnico-expressivas do cravo. Por ter estudado órgão durante muito tempo, talvez isso o tenha ajudado a se propor um desafio: como compor uma sonoridade contínua em um instrumento que, ao contrário do órgão, não permite que os sons se sustentem durante muito tempo? Como ele mesmo diz, este é "um título anticravo porque o cravo é um instrumento descontínuo por excelência, e eu me senti atraído a escrever um tipo de música contínua para um instrumento desse tipo" (apud Toop, 1999, p.121). É a partir desse paradoxo composicional, interpre-

---

24 Além do *Continuum*, Ligeti escreveu mais duas peças para cravo solo: *Hungarian Rock* e *Passacaglia Ungherese*, ambas de 1978.

25 Os registros são dispositivos que acionam, no órgão ou no cravo, um jogo específico de tubos ou de cordas, fazendo que seu timbre e suas alturas sejam modificados.

26 O acoplamento une os dois teclados (manuais), somando seus registros. Sempre que se acopla um manual ao outro há um aumento de densidade: são mais cordas soando ao mesmo tempo.

tativo e auditivo que se percebe quanto o compositor ouviu a "alma" do instrumento e quanto a relação física entre intérprete e instrumento foi pensada e *composta*.

A sonoridade descontínua do cravo vem de seu funcionamento mecânico: uma "unha" (plectro) pinça suas cordas e os sons duram o tempo que as reverberações têm até se extinguirem. Comparado ao piano, esse tempo é curto e não há nenhum dispositivo que faça as notas soarem por mais tempo. Além disso, a força ou o peso que o cravista coloca sobre o teclado não influencia a ação do plectro sobre a corda: ela não vibrará com maior ou menor intensidade e não reverberará por mais tempo além daquele possível.

Assim, na passagem de um som a outro, não se tem, no cravo, um *legato* verdadeiro porque o momento de ataque e de produção de cada som não pode ser encoberto – ele é constituinte de sua sonoridade e produz um ruído parasita que sempre acompanha as notas.

Para conseguir o efeito de continuidade, Ligeti recorreu primeiro ao parâmetro *velocidade*. O andamento – *prestissimo* – e mais a recomendação, no rodapé da primeira página da partitura, de que a duração ideal deva ficar abaixo de quatro minutos, permite que a individualidade de cada nota seja encoberta e que a movimentação frenética das linhas melódicas se sobreponha à descontinuidade sonora. São 204 "compassos", cada um com 16 colcheias sucessivas em cada mão. No total, são 3.264 notas que, se forem ouvidas em quatro minutos, deverão se aproximar da velocidade de 13,6 colcheias por segundo. O primeiro paradoxo perceptivo trazido por essa situação é que a mobilidade máxima dos sons produz sua fusão e resulta na sensação de imobilidade sonora.

Por essa razão, *Continuum* é uma peça que só pode ser executada em um cravo com pedais: não há tempo hábil para que o cravista mude a registração com as mãos, pois elas não podem abandonar os teclados.

Ao lado do andamento, há o fato de que o único valor de duração existente na peça é a colcheia. Não havendo diferenciação de durações, não há ritmo, e, além disso, não há acentos métricos. Os "compassos" não são reais: conforme as instruções do compositor, as barras pontilhadas que dividem as pautas são apenas um recurso facilitador da leitura e da orientação. A inexistência de pontos de referência rítmicos e métricos provoca uma sensação de fluxo sonoro ininterrupto, indivisível e desenfreado, como se fosse um *moto-contínuo* realizado por um *mecanismo di precisione*.

Esse mecanismo de precisão, tão caro a Ligeti, refere-se tanto ao instrumento quanto ao intérprete. Este tem que executar com absoluta regularidade todas as colcheias, mantendo o andamento e a igualdade dos dedos em perfeito controle, sob pena de não atingir o efeito de continuidade e estaticidade sonoras.

Pensando, sem dúvida, nesse desafio técnico, Ligeti compôs os desenhos melódicos para as duas mãos de forma absolutamente rigorosa. Cada mão toca no máximo cinco notas para que não haja passagens de dedo. Também não há grandes saltos, pois qualquer outra dificuldade técnica além da velocidade e da regularidade poderia vir desviar a atenção e a concentração do intérprete. Na maior parte do tempo, as mãos têm movimentos contrários, de fora para dentro (do dedo mínimo para o polegar), aproveitando a anatomia espelhada das mãos e a maior rapidez dada pela sequência do dedilhado 5-4-3-2-1. A sensibilidade tátil dos dedos no contato com as teclas, no cravo, tem a particularidade de permitir que se perceba o exato momento em que a corda é pinçada. Isso faz os movimentos serem todos muito pequenos, próximos do teclado, para que a mão fique aderida à superfície, controlando a justa pressão para que o som seja deflagrado. Dessa forma, também do ponto de vista físico, o intérprete é levado a experimentar o efeito de uma imobilidade produzida pela mobilidade máxima dos dedos: um movimento implacavelmente regular, contínuo e "colado" ao instrumento pode levar, pela inércia, a uma sensação que fica entre o automatismo hipnótico e a embriaguez cinestésica.

> Tudo está sob os dedos, nos dedos. Eu pensei nas notas como se elas saíssem dos dedos. Eu obtenho facilmente essa rapidez fulgu-

rante porque não há baixos e a posição das mãos é sempre a mesma. Há somente o afastamento dos dedos. Eu quis compor para as duas mãos do cravista como se elas fossem dois objetos móveis. (Ligeti, 1996b, p.12)

Ainda sobre a exploração do instrumento, é interessante comentar como Ligeti tira partido de uma característica do cravo que muitas vezes é considerada deficiência: a impossibilidade de realizar crescendos e decrescendos graduais e acentos. Sua dinâmica, chamada "de terraços", se dá pela junção ou separação dos registros, como no órgão. O aumento ou a diminuição dos planos de intensidade é resultante do grau de densidade produzida pelo acréscimo ou subtração de um ou mais jogos de cordas. Acontece, no entanto, que para um cravista experimentado, há outro recurso técnico usado para se conseguir um efeito dinâmico que causa a sensação de crescendo ou decrescendo: a articulação das notas. Muitos *staccatos* contribuem para uma diminuição de intensidade e, ao contrário, notas ligadas ou presas resultam em uma sonoridade um pouco mais encorpada. Assim, é possível realçar dinamicamente determinadas vozes em uma polifonia por meio do *touché* e da articulação. É claro que as variações de dinâmica nunca serão muito contrastantes nem extremas. Elas são sutis, mas nem por isso deixam de ser audíveis e significativas. No *Continuum*, a dinâmica é trabalhada tanto na forma de "terraços", com registrações exigidas pelo compositor, quanto por um procedimento que une articulação e configuração intervalar linear.

Quanto à registração, os diferentes planos de volume são assim estipulados: do início até o compasso 125, apenas o registro de 8' (pés)[27] nas duas mãos. No compasso 126, entram *subito* 16'+

---

27 Os registros do cravo e do órgão são nomeados pelo tamanho – pés – dos tubos do órgão, identificando sua altura e timbre. O registro de 8 pés ou 8' corresponde à altura padrão do instrumento; o 4' soa uma oitava acima, e o 16', uma oitava abaixo.

8' + 4' – os dois manuais são acoplados. Do compasso 143 até o final, a mão direita fica apenas com o 4', enquanto a esquerda continua com a registração anterior até o compasso 153, quando também muda para 4'.

Para que se compreenda a maestria de Ligeti em relação ao segundo procedimento – a conjugação da articulação com a configuração intervalar – vale a pena trazer para esta análise alguns aspectos do *Prelúdio em dó menor* do *Cravo bem temperado*, volume I, de J. S. Bach, com o qual o *Continuum* mantém explícitos laços estruturais.

O *Prelúdio* parte da ideia de um movimento obsessivo de semicolcheias que percorrem praticamente a peça inteira. São também, na maior parte do tempo, 16 notas por compasso. Em uma textura de nota contra nota (como no *Continuum*), as mãos iniciam um movimento contrário que permanece durante muito tempo, com exceção dos compassos 14, 19 e 20, e a partir do compasso 25, quando a textura se torna monódica para anunciar o *Presto fugato*, onde volta a figuração nota contra nota em movimento paralelo (compassos 28 a 31) e contrário (compassos 32 e 33). No compasso 34 surgem os únicos valores de duração diferenciados e os únicos acordes do Prelúdio, fenômenos estruturais ouvidos como sinais de encaminhamento conclusivo. Desse momento até o final, desaparece a audição simultânea das duas notas, para, à maneira de uma *Tocata*, preparar a entrada da *Fuga*.

Essa breve descrição do *Prelúdio* já seria suficiente para que se realçassem as semelhanças entre as duas obras. Mas Ligeti foi muito além: na distribuição de saltos e graus conjuntos, e na mudança de direção melódica dos intervalos do *Prelúdio* estão contidas as chaves para a construção polimétrica do *Continuum* e sua sensação de estaticidade.

Desde o canto gregoriano e a polifonia renascentista, os compositores já operavam conscientemente com a força unificadora melódico-linear do grau conjunto (valor melódico), em contraste com a força articuladora do salto (valor harmônico). Sem que seja necessário acentuar, os saltos em um contexto de graus conjuntos são

EXEMPLO 26 – J. S. Bach, *Prelúdio em dó menor, Das Wohltemperierte Klavier I* [*O cravo bem temperado*], compasso 1 (1970, p.5).

"naturalmente" destacados e tornam-se pontos de referência. No *Prelúdio*, entre a primeira e a segunda notas de cada grupo de 8 semicolcheias há um salto que faz o ouvinte destacar a primeira nota das demais – os intervalos de 2ª e de 3ª. A energia trazida pelo salto contrasta com a pouca movimentação dos pequenos intervalos, reforçando sua presença e, sobretudo, diferenciando-o. Por uma razão muito simples – o espaçamento intervalar – o salto se afasta timbristicamente do âmbito do conjunto. No *Prelúdio*, os saltos estão nas regiões extremas enquanto as outras notas se localizam na região central, dividindo a homogeneidade do conjunto.[28] Essa é a forma mais simples e comum de acentuação do período Barroco, a articulação melódica.

O segundo aspecto – direção intervalar – também está claramente presente no *Prelúdio* e concorre para a definição dos pontos de referência (os saltos). Quando se anuncia um movimento ascendente ou descendente, há uma expectativa de continuidade desse encaminhamento e por isso se diz que a linha melódica cresce ou decresce.[29] Ao contrário, quando se contradiz constantemente a direção dos intervalos, abandona-se qualquer expectativa, pois as forças ascendentes anulam as descendentes e vice-versa, em um vai e volta

---

28 Por isso, em um âmbito de 8ª, os intervalos de 6ª não soam tão homogêneos como as 3ªˢ, por exemplo.
29 Bartók é mestre a esse respeito. Ouçam-se as dez primeiras peças de seu *Mikrokosmos* volume I.

que não se define em termos de direção. Tem-se a impressão de que a linha melódica não consegue sair do impasse que a aprisiona em um emaranhado de sons. É justamente isso que Bach magistralmente faz em seu *Prelúdio*: salto *versus* graus conjuntos = energia *versus* estaticidade = nitidez *versus* indiferenciação.

Voltando ao *Continuum*, há que se entendê-lo como uma obra que tem um único procedimento de transformação motívica do início ao fim. Embora se a divida em partes para examinar seus detalhes, ela é um "mecanismo" orgânico que não tem cortes ou paradas, tem transições e "mudanças de estado". A maneira como essas transformações motívicas se dão e seus consequentes resultados auditivos levam à identificação de quatro seções: 1ª) do compasso 1 ao 55; 2ª) do 56 ao 86; 3ª) do 87 ao 143; 4ª) do 143 ao 205.

Tudo começa, como no *Prelúdio*, com o motivo inicial, uma "charada" auditiva que permeará a peça inteira: uma 3ª menor melódica (*si* ♭/*sol* na mão direita – *sol/si* ♭ na esquerda) é ao mesmo tempo harmônica, pois as duas mãos estão sobrepostas no mesmo registro, cada uma em um manual, com direções intervalares opostas. Auditivamente, são duas linhas ou é uma sequência de intervalos de 3ª atacados alternadamente pelas duas mãos?

A essa textura oscilante vão se agregando outras alturas que formam motivos melódicos de três a nove notas, provocando uma ampliação temporal e um alargamento do âmbito do motivo inicial.

Embora durante toda essa seção o *si* ♭/*sol* ainda se mantenham presentes tanto na verticalidade quanto da horizontalidade, o acréscimo gradual de notas em torno deles provoca seu embaçamento progressivo e começa a haver uma redução na audibilidade das notas. Esse par *si* ♭/*sol* começa a soar com menos frequência, distanciando-se e perdendo-se no meio de outras notas. Apenas como exemplo desse processo, descreve-se o seguinte: do compasso 10 ao 14, a cada seis colcheias, o par aparece duas vezes na simultaneidade e duas vezes na horizontalidade, em uníssono. Do compasso 15 ao 17, aparece cinco vezes na simultaneidade em cada compasso. No compasso 18, apenas uma vez, em uníssono. Nos compassos 19 e

Música: entre o audível e o visível

EXEMPLO 27 – *Continuum*, ambiguidade auditiva dos compassos 1-9.

20, quatro vezes na simultaneidade, uma vez em uníssono. No compasso 33, novamente, apenas em uníssono.

As alturas, antes percebidas como elementos harmônicos, se transformam em um campo cromático indistinto – o efeito de *brouillage* – do qual só se ouvem as bordas, os sons extremos, ou seja, as notas mais agudas e as mais graves.

Na construção da textura *brouillée*, além da superposição de registros, atuam o tamanho dos motivos destinados a cada uma das mãos e a não coincidência de seus pontos de articulação, que provocam uma polimetria motívica. Eles são discriminados a partir de sua direção ascendente e descendente e da relação salto/grau conjunto, adotando-se o salto como elemento articulador, conforme exposto no *Prelúdio* de Bach.

Um levantamento do número de notas que formam cada motivo e sua distribuição nas duas mãos pode ser visualizado no Quadro 8.

Percebe-se, imediatamente, que há um encaminhamento em direção à aumentação dos tamanhos dos motivos até o compasso 21 (cinco notas em cada mão), uma oscilação entre quatro e cinco notas até o compasso 39, e daí para frente um decréscimo gradual até voltar, como no início, a duas notas em cada mão.

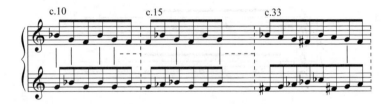

EXEMPLO 28 – Processo de redução de audibilidade da 3ª $si\flat/sol$, compassos 10, 15 e 33.

Quadro 8 – Distribuição do número de notas em cada uma das mãos, compassos 1-55

Compassos	Nº de notas Mão direita/ mão esquerda	Compassos	Nº de notas Mão direita/ mão esquerda
1 a 9	2/2	34 e 35	5/5
10 a 14	3/2	35 e 36	4/5
15 e 16	3/3	37 e 38	5/5
17	¾	39	4/5
18 a 20	4/4 e 4/5	40 a 42	3/5 e 3/4
21 a 29	5/5	43 a 45	3/3
30 a 33	4/5	46 a 49	2/3
		50 a 55	2/2

Os únicos momentos em que as articulações motívicas coincidem acontecem nos compassos 21 a 29 (5/5), e nos compassos 43 a 45 (3/3). Essas pequenas faixas que entram em fase não alteram o perfil polimétrico dessa seção; pelo contrário, reforçam a sensação de que esse encontro momentâneo é parte de um processo maior de defasagem que, inevitavelmente, logo desfará essa homogeneidade.

A conjugação desses dois fatores – aumento do tamanho dos motivos e defasagem dos pontos de articulação –, aliados à velocidade, produz um aumento ilusório tanto da densidade horizontal quanto da vertical. Sem que haja um aumento real do número de notas ouvido no mesmo lapso temporal – são sempre colcheias e são sempre nota contra nota – tem-se a sensação de que se trata de *clusters* móveis, deslocando-se e variando gradativamente suas densidades. Nesse mascaramento sonoro perde-se a discriminação das notas mas ganha-se a percepção do movimento, da densidade e dos registros.

A reiteração dessa estratégia pode ser considerada o fio condutor de toda a peça que, em termos auditivos, equivale a um jogo contínuo no qual se depara com algo que está sempre presente mas que nunca é igual a si mesmo ("o mesmo que não é o mesmo").

Uma observação mais detalhada desse processo revela que a ideia de expansão e contração também se aplica ao âmbito melódico.

Nessa primeira seção, percebe-se um crescimento do número de notas, da densidade e do âmbito intervalar, indo do compasso 1 (2 sons, âmbito de 3ª menor) até o compasso 20 (7 sons, âmbito de 4ª aumentada), quando o número máximo de sons dessa seção chega a um preenchimento cromático. Entre os compassos 23 e 27, há uma oscilação – imperceptível auditivamente – entre 6 e 7 sons. A partir do compasso 28, começa paulatinamente uma contração do âmbito, da densidade e da quantidade de notas, até chegar, nos compassos 50 a 55, a um trinado (2 notas, âmbito de 2ª maior).

Vê-se que a expansão e a contração do âmbito estão equilibradas em termos de duração e número de compassos. São 20 compassos de crescimento até o ápice, 7 compassos de manutenção do âmbito máximo, e 28 compassos de decrescimento.

Se se pensar nesses processos de expansão e contração melódica como gestos direcionais, pode-se considerar que a "ida" e a "volta" são simétricas e espelhadas, com 27 e 28 compassos, respectivamente.

Um indício de que essa simetria possa realmente ter sido objetivada pelo compositor encontra-se no procedimento usado para a finalização dessa seção. A partir do compasso 28, há a polarização[30] progressiva das notas *fá #*, *sol #* (em especial) e *lá*, sugerindo ao ouvido a possibilidade de uma escuta novamente harmônica, como no início da peça. A nota *fá #*, que é a mais grave, começa a se destacar, sendo ouvida com uma frequência que varia de 6 a 8 vezes em cada compasso, algumas delas em uníssono.

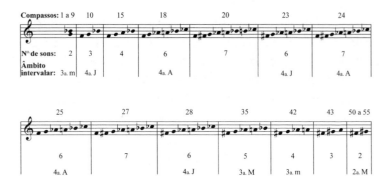

EXEMPLO 29 – Âmbito melódico dos compassos 1-55.

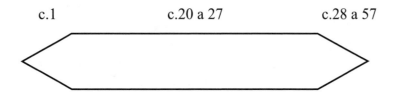

FIGURA 16 – Desenvolvimento dos âmbitos dos compassos 1-55.

---

30 O termo *polarização* é usado, neste livro, em seu sentido comum e amplo. Não se refere, restritivamente, à teoria harmônica de Edmond Costère.

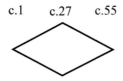

FIGURA 17 – Simetria da expansão e contração do âmbito melódico dos compassos 1-55.

No compasso 42, o âmbito de 3ª menor (*fá#/lá*), remete o ouvido à 3ª inicial (*si♭/sol*), e na parte final, do compasso 43 até o 45, o *sol #* começa a ser ouvido em uníssono, como centro de *fá #/lá*. Chegando aos compassos 46 a 49, quando a mão direita já realiza o trinado *fá #/sol #* essas mesmas notas soam, nas duas mãos, ora em uníssono (2ª maior melódica), ora simultaneamente (2ª maior harmônica), o que reforça a hipótese do espelhamento entre o início e fim da seção, abrindo também a possibilidade de se pensar em um processo circular, tipo *uroborus*, ou, "meu começo é meu fim". Confirma-se também o jogo auditivo inicial: ouve-se esse momento de forma vertical ou horizontal?

EXEMPLO 30 – Polarização da nota *fá #*.

EXEMPLO 31 – Polarização da nota *sol #*, centro da 3ª menor *fá #/lá*.

EXEMPLO 32 – Audição harmônica e melódica da 2ª maior *fá #/sol #*.

Assim, o trinado que fecha a primeira seção (compassos 50 a 55) é também o início da segunda – ele equivale aos compassos 1 a 9, com as 3ᵃˢ menores. Como em uma forma discursiva, ele é um elemento de elisão, concluindo um processo e preparando outro.

Uma comparação entre os procedimentos de expansão e contração melódica e aqueles relativos à quantidade de notas por motivo revela que há uma relação intrínseca, mas não causal, ou seja, o aumento do tamanho do motivo não corresponde necessariamente a um alargamento ou estreitamento de seu âmbito e vice-versa. Dos compassos 1 a 20, pode-se identificar um crescimento gradativo em ambos os aspectos, mas, entre os compassos 21 e 39, quando o número de notas se mantém entre quatro e cinco, o âmbito melódico começa a decrescer a partir do compasso 28. Essa combinação – manutenção do número máximo de notas e diminuição do âmbito intervalar – resulta em um preenchimento cromático bastante cerrado, com várias notas sendo repetidas pelas duas mãos, o que causa a intensificação da audição do caráter de *cluster* contínuo da peça.

A segunda seção, compassos 56 a 86, tem como característica a formação de motivos melódicos que se assemelham aos padrões de onda (*wave patterns*) usados pelos compositores minimalistas. Embora essa aproximação auditiva ocorra de forma explícita, não se pode falar em influência dessa poética sobre o *Continuum*, pois, em 1968, as propostas de Terry Riley e de Steve Reich ainda não eram conhecidas na Europa.[31]

---

31 Essa influência acontecerá mais tarde, nos anos 70, quando da viagem de Ligeti à Costa Oeste americana.

Reiniciando o procedimento usado na primeira seção – o acréscimo gradual de notas ao novo par *fá #/sol #* –, os motivos de ondas melódicas se destacam pelo movimento ascendente e descendente que cada uma das mãos realiza. Esse desenho une, durante um certo tempo, as mãos em movimentações paralelas ligeiramente defasadas, mas, aos poucos, elas voltam a se relacionar por movimento contrário (compasso 73).

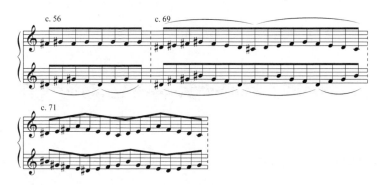

EXEMPLO 33 – Movimentação paralela e contrária das mãos.

A expansão do âmbito, da densidade, do número de notas e do tamanho dos motivos é a proposta dessa seção – não há contrações. Partindo do âmbito de 4ª justa, com 3 notas, a movimentação chega à 7ª maior, com 9 notas (compasso 83). No último compasso (86), há uma aceleração na ampliação das bordas, por meio de um caminho cromático que chega à 10ª maior.

A entrada da nota *ré #* (primeira nota agregada ao trinado) será de grande importância até o compasso 78. Ela forma, com o *fá #* e *sol #*, a sequência de intervalos de 3ª menor e 2ª maior, remetendo o ouvinte à configuração intervalar do compasso 10 da 1ª seção, quando a primeira nota a se juntar ao *si* ♭ */sol* – a nota *fá* – forma os intervalos de 2ª maior e 3ª menor (*fá/sol/si* ♭). É a mesma sonoridade que se ouve harmonicamente, só que transposta e espelhada na ordem dos intervalos (a direção ascendente se mantém).

EXEMPLO 34 – Expansão do âmbito dos compassos 56-86.

EXEMPLO 35 – Motivo intervalar espelhado.

Por ser a nota mais grave e também por se distanciar das outras pelo "salto" de 3ª, o *ré #* será a nota mais audível até o compasso 66. É interessante reparar como, em um contexto de 2as contínuas, a 3ª já é ouvida como separada do conjunto. Sua sonoridade não se homogeneiza com o trinado, permanecendo como grau *disjunto*. Ao contrário, na 1ª seção, quando a 2ª se agrega à 3ª, sua sonoridade é totalmente absorvida pelo conjunto, que continua uno. Mais uma vez, a presença do *Prelúdio* de Bach se faz ouvir no *Continuum*.

Em razão desse grau disjunto, nos compassos 56 a 61 a ambiguidade auditiva reaparece. Tem-se duas possibilidades auditivas: as texturas podem ser ouvidas como harmônicas ou polifônicas (se se ouve as notas extremas). Por causa da velocidade, no entanto, o ouvido reterá com mais probabilidade apenas o *ré #*, à maneira de um "pedal", tendendo a uma espécie de polifonia a duas vozes. Esse "pedal" constitui-se de inúmeras repetições dessa nota que, em razão de sua diferenciação intervalar, é ouvida como se recebesse um acento dinâmico. Sua frequência de aparecimento será importante para que se compreendam os procedimentos de *brouillage*, de aumentação ou diminuição dos tamanhos dos motivos-onda e de polimetria.

A formação dos motivos-onda segue o mesmo procedimento encontrado na primeira seção – acréscimo ou subtração de notas – a partir do padrão *ré #/fá #/sol #/ré #*. Como se fosse um "baixo de Alberti", o *ré #* marca o início de cada motivo, e, em torno desse padrão, vão sendo acrescentadas ou subtraídas outras notas, em diferentes momentos, nas duas mãos.

EXEMPLO 36 – Audição harmônica e polifônica dos motivos.

EXEMPLO 37 – Desenvolvimento dos motivos-onda.

Em cada uma das mãos, motivos formados por 4, 5, ou 6 notas ora coincidem em número de notas, ora se diferenciam. Seus pontos de articulação raríssimas vezes coincidem. Quando o padrão inicial é preenchido por graus conjuntos, apaga-se a nítida articulação dada pelo intervalo de 3ª: as notas mais agudas e mais graves tornam-se elípticas, transformando a figuração em ondulação contínua. A configuração dos compassos 67 e 68 demonstra esse procedimento.

EXEMPLO 38 – Transformação dos motivos-onda em movimentação contínua.

Nos compassos 56 e 57, há um *ré #* para cada grupo de 4 colcheias (4 por compasso) e nos próximos quatro compassos (58 a 61), dois para cada quatro (8 por compasso – Exemplo 36). Do compasso 62 ao 78 (Figura 18), essa nota continua aparecendo em proporções temporais baseadas em múltiplos de 2: a cada 2, 4 ou 6 notas, alternando ou permutando esses múltiplos (notas no 1, 3, 5, 9, 11, 13 e 15, demonstradas na Figura 18). Os uníssonos (início/ fim dos colchetes) aparecem em faixas temporais maiores: a cada 6, 8, 12, 16 ou 18 notas (marcação superior da Figura 18).

Esse destaque auditivo proporcionado pela nota *ré #* provoca a polimetria motívica e as sensações de mudança de agógica, fazendo surgir *rallentandos* e *accelerandos*, por meio da proximidade ou afastamento dos pontos de articulação. São, então, duas camadas polimétricas. A primeira, formada pelos motivos de 4, 5 ou 6 notas que estão, na maior parte do tempo, em defasagem de articulação e que já operam com a proximidade ou o afastamento dos pontos de referência (cinco colcheias sucessivas tornam mais longo um motivo

Música: entre o audível e o visível

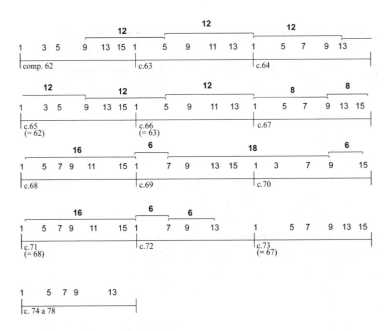

FIGURA 18 – Polimetria e sensações de mudança de agógica provocadas pelas articulações dos motivos.

que antes possuía apenas três, por exemplo). A segunda, marcada pelos uníssonos, resulta em um hipermetro: auditivamente, formam-se faixas temporais maiores que unem várias unidades motívicas. Um lapso temporal em que dezoito colcheias preenchem o espaço entre dois uníssonos, por exemplo, contém articulações menores dentro de si mesmo. Este, em relação a outro com oito colcheias, tem seus pontos de articulação mais afastados e, assim, surgem as sensações de *rallentando* e *accelerando* sem que o andamento inicial seja alterado.

A partir do compasso 67, surge uma nota mais grave na mão direita, o *dó #*, cuja presença auditiva é ambígua: às vezes, destitui o *ré #* de sua condição de destaque como nota mais grave que era, às vezes o reforça, pois se forma uma bordadura *ré #/dó #/ré #* que antecede ou sucede o uníssono.

EXEMPLO 39 – Desestabilização auditiva da nota *ré #*.

A partir do compasso 73, o *ré #* começa a perder sua importância (o último uníssono ouvido foi no compasso 72), e outra polarização começa a se dar sobre a nota *fá #*. Desse compasso até o 80, quando o *ré #* se transforma em *ré* dobrado *#*, há uníssonos sobre o *fá #* que aparecem nas 3ª e 11ª colcheias de cada compasso. Embora passageira, a polarização dessa segunda nota conduz o ouvido à rememoração da relação intervalar de 3ª menor do padrão inicial e antecipa parte da sonoridade inicial da terceira seção.

Do compasso 81 até o 86, o procedimento de *brouillage* chega a seu ápice, com um preenchimento do âmbito que inclui saltos, resultantes da aumentação intervalar. Esses saltos, que estão estrategicamente destinados aos dedos polegar e indicador, não são ouvidos, pois o número de notas, cinco em cada mão, absorve-os dentro de uma movimentação ascendente/descendente contínua. Os únicos saltos perceptíveis são os finais, nos compassos 85 e 86, pois as notas ultrapassam o âmbito melódico anteriormente estabelecido.

O resultado dessa intensificação – indiferenciação de alturas e percepção máxima de movimento – levará à entrada da terceira seção, que surge como se fosse o estancamento de um processo que já estava se tornando insustentável e se esgotando. Essa passagem se dá por meio de um contraste violento, como se de repente o ouvinte caísse em um vácuo.

Surpreendentemente aparece, no início da terceira seção, um acorde de *si* maior (compasso 87) perfeitamente audível, que, dois compassos adiante, se transforma em *si* menor (compasso 89). Acontece, no entanto, que a 3ª dessas duas tríades é tocada apenas uma vez e sustentada, o que resulta em sua rápida desaparição, soando a 5ª justa *fá #/si*. Esse é o primeiro momento da peça em que não se tem nota contra nota, fato que aumenta a sensação de cessação do movimento. Além disso, a estaticidade, a sonoridade "vazia" e o mínimo de mínima são as características mais marcantes do intervalo de 5ª justa, em razão de seu pequeno valor melódico e alto grau de fusão harmônica.

EXEMPLO 40 – Cessação de movimento.

A presença da nota *ré #* em um registro muito agudo (oitava 4) tem um duplo papel: não altera a densidade acórdica, que continua mínima pela disposição muito aberta de suas notas, e sugere a possibilidade de ser ouvida como 6ª maior ou 3ª menor, intervalo/motivo que inicia a peça (*si ♭/sol*). Quando surge o *ré* bequadro, no mesmo registro da 5ª justa, a densidade acórdica aumenta, o timbre se homogeneiza pela disposição cerrada das três notas, e surge a relação de 3ª menor entre as notas *si* e *ré*. Esse grande salto *ré # 4/ ré 3*, que produz dois graus de densidades diferentes, prepara a entrada de um novo movimento de preenchimento do espaço sonoro que se inicia no compasso 92.

A grande característica dessa terceira seção é a ampliação dos registros e do âmbito intervalar. Não há contrações, como na seção anterior. O acréscimo no número de notas acontece como nas seções precedentes, gradualmente, de 4 a 9 notas.

A grande novidade auditiva é a separação das duas mãos, que se encaminham para as regiões extremas dos teclados e o aparecimento de uma subseção no compasso 126.

Os motivos retomam a unidirecionalidade melódica (só ascendentes ou só descendentes) e as mãos realizam movimentos contrários, como na primeira seção. Os processos de aumentação do número de notas, de defasagem dos pontos de articulação e de ampliação do âmbito intervalar são reiterados com algumas particularidades. Um levantamento da evolução do número de notas que vão sendo agregadas às 5ᵃˢ iniciais resulta no seguinte quadro:

Quadro 9 – Evolução do número de notas destinadas a cada mão, compassos 92-143

Compassos	Nº de notas Mão direita/ mão esquerda	Compassos	Nº de notas Mão direita/ mão esquerda
92 a 96	2/2	111 a 113	5/4
96 e 97	2/3	113	5/5
98 a 101	3/3	114 a 117	4/5
101 a 103	4/3	118 a 125	5/5
103 a 110	4/4	126 a 143	3/3

Comparando os Quadros 9 e 8, percebe-se que há um procedimento de espelho referente às mãos que iniciam os acréscimos das notas até que seja atingido o número máximo (5/5). Mesmo que não se possa ouvir, para o cravista, essa é uma constatação importante: digitalmente, relembra-o da similaridade dos motivos unidirecionais da primeira seção e do equilíbrio que as duas mãos devem manter na movimentação contrária. Pode também, quem sabe, servir como recurso mnemônico...

No compasso 92, quando a mão esquerda, depois das notas sustentadas, volta à movimentação, seu intervalo é de 4ª justa. Esses dois grandes intervalos simultâneos permitem a audição harmônica dos intervalos de 6ª maior (*lá/fá #*) e 3ª menor (*si/ré*), e melódica do intervalo de 3ª maior, *fá #/ré* (notas mais agudas).

Quadro 10 – Comparação entre a primeira e terceira seções (número de notas)

Primeira seção Mão direita/mão esquerda	Terceira seção Mão direita/mão esquerda
2/2	2/2
3/2	2/3
3/3	3/3
3/4	4/3
4/4 e 4/5	4/4
5/5	5/4
4/5	5/5

EXEMPLO 41 – Audição harmônica e melódica dos intervalos.

O processo de defasagem motívica e de aumentação do âmbito se inicia na segunda metade do compasso 96, com o acréscimo, na mão esquerda, de uma nota mais grave (como na primeira seção), *sol*, formando um motivo de três notas ascendentes. A 3ª maior melódica *fá #/ré* agora é ouvida harmonicamente, uma vez em cada grupo de seis semicolcheias.

A próxima nota a ser agregada, *dó #* na mão direita, compasso 98, tem uma função estratégica de preenchimento tanto linear quanto vertical. Primeiramente, ela já começa a suavizar a 5ª justa com um grau conjunto. Depois, ela tem uma distribuição intervalar que é a mesma da mão esquerda, só que de forma retrogradada:

    mão esquerda ascendente: *sol/lá/ré* – 2ª maior, 4ª justa;
    mão direita descendente: *fá #/dó #/ si* – 4ª justa, 2ª maior.

EXEMPLO 42 – Distanciamento temporal da 3ª *fá #/ré*.

EXEMPLO 43 – Complementação intervalar.

Como em um bom contraponto renascentista, essa simultaneidade intervalar de salto e grau conjunto atua como forma de compensação e de preenchimento vertical: enquanto uma voz abre espaço, articula, a outra fecha, une, "segura" o salto. Assim, a sensação de "vácuo" inicial já começa a ser substituída por uma densidade maior. Mais uma vez, Ligeti se vale das qualidades timbrísticas dos intervalos, mesmo quando eles não podem ser ouvidos em suas individualidades: 5ªs e 4ªs tendem a construir um efeito de rarefação, e 2ªs e 7ªs aumentam o efeito da densidade. Importantes no realce dessa complementaridade são o número de notas iguais em cada mão – três – e a coincidência dos pontos de articulação.

Na segunda metade do compasso 101, a mão direita preenche com mais uma nota – *ré #* – o âmbito da 5ª, desfazendo por completo o salto e voltando a ficar defasada da mão esquerda. Esta tem, no compasso 103, um alargamento de seu âmbito pela inclusão da nota *sol*, transformando seu perfil em uma linha com três graus conjuntos e um salto.

Até o compasso 110, ambas as mãos estão em fase (pontos de articulação coincidentes) e a aumentação do âmbito intervalar provoca o aparecimento de intervalos de 3ª em cada uma das linhas.

EXEMPLO 44 – Preenchimento dos saltos.

Exatamente nesse ponto, as mãos não têm mais nenhum cruzamento de "voz" (nota), ou seja, elas não estão nem parcialmente superpostas. Começa, então, seu progressivo afastamento, que levará à separação timbrística dos registros e ao início da audição de duas camadas diferenciadas e distantes uma da outra. A evolução da ampliação do âmbito total faz que as mãos se separem, construindo, no ápice do distanciamento, um intervalo entre a nota mais grave da mão direita e a mais aguda da esquerda de 10ª maior composta (si ♭ 2/ré 4). Esse é o único momento da peça em que se ouvem nitidamente duas camadas com movimentações contrárias, abrindo o ouvido para três planos distintos: grave, intermediário (ausente) e agudo.

Retrospectivamente, pode-se entender as 5ªs justas como o "anúncio" dessa ampliação do campo perceptivo. Se lembrarmos que elas introduziram o ouvido no "vácuo", ou seja, em uma sonoridade que tem pouquíssima corporeidade e densidade, poderemos imaginar que a ideia seja a de destituir esse espaço intermediário de sua fisicidade e sonoridade: ele vai soar, pela primeira vez, não por sua presença, mas por sua ausência.

Esse processo culminará no compasso 126, quando a subseção tem início. Um resumo do âmbito intervalar permite que se acompanhe a evolução aqui descrita.

O acompanhamento do caminho dos âmbitos externo (notas extremas das duas mãos) e interno (nota mais aguda da mão esquerda e nota mais grave da mão direita), este começando no compasso 110, obriga o uso de uma terminologia nada usual: 15ª composta para denominar o âmbito de três oitavas (22ª); 10ª com-

EXEMPLO 45 – Resumo do âmbito intervalar, compassos 92-125.

posta para o âmbito de 17ª, por exemplo. Tal procedimento visa apenas mostrar, analiticamente, como o afastamento dos registros se dá, e também, de certa forma, confirmar que em situações de distância intervalar maior que 15ª (duas oitavas), é muito difícil ouvir a relação quantitativa e qualitativa entre duas notas, percebem-se apenas seus registros. Apesar disso, vê-se que, a partir do compasso 114, há a manutenção do âmbito externo no seu limite (três 8ªs – *fá* # 1 /*fá* # 4) para possibilitar um melhor acompanhamento da movimentação que abre o âmbito interno: o movimento externo cessa e o interno continua, configurando o espaço vazio.

A subseção que se inicia no compasso 126 caracteriza-se, primeiramente, pelo preenchimento parcial do grande espaço interno, por meio de grandes intervalos de 8ª em movimento contrário em cada uma das mãos, com uma nota intermediária que a divide em duas metades iguais, o trítono, e pela mudança de registração, que aumenta a densidade e a intensidade. Esse é o único momento da peça em que a sonoridade plena dos registros do cravo é acionada: 16' (uma 8ª abaixo das notas escritas), 8' (registro normal) e 4' (uma 8ª acima das notas escritas), o que leva o âmbito total aos registros de oitavas 5 e -1.

EXEMPLO 46 – Ampliação do âmbito interno entre as mãos dos compassos 92-125.

EXEMPLO 47 – Início da subseção.

Em seguida, percebe-se que os motivos tornam-se coincidentes em seus pontos de articulação, 3 notas na mão direita contra 3 na esquerda (3/3). Essa regularidade métrica "aliviará" o ouvido para que se concentre em um procedimento bastante interessante: a polarização das notas intermediárias. Estas permanecerão fixas, como eixos, em torno dos quais as 8ᵃˢ vão se mover em direções contrárias – direita ascendendo e esquerda descendendo, continuando o movimento deflagrado no início da terceira seção – até que essas notas móveis se transformem nas próprias notas do eixo. É como se o interno, o centro *si/dó #* (16ª maior), fosse, gradativamente, sendo "virado do avesso" e se transformasse em externo, em borda.

EXEMPLO 48 – Transformação do eixo em superfície externa.

Do compasso 139 ao 143, o eixo se expõe como superfície externa: os intervalos de 7ª menor tornam-se, ao mesmo tempo, 2ᵃˢ maiores, e o que se ouve são várias possibilidades de combinações dessas duas notas: como 2ª melódica, como 7ª e 9ª compostas harmônicas, como "linhas", uma aguda (*si* 4) e uma grave (*dó* 1). Isso provoca, auditivamente, a reiteração de um campo intervalar no qual todas as sonoridades são equivalentes em termos harmônicos e melódicos, e sobre o qual os planos e os timbres dos registros grave, médio e agudo se evidenciam.

EXEMPLO 49 – Possibilidades auditivas das notas *si/dó* #.

Muito importante também é a constatação do caminho percorrido pelas notas extremas das duas mãos. Quando visualizadas em sua relação melódica, as notas da mão direita reproduzem, em um procedimento de distanciamento temporal, as cinco notas do último motivo de graus conjuntos enunciado pela mão esquerda no compasso 125, antes da entrada da subseção. O mesmo ocorrerá com a mão esquerda em relação aos graus conjuntos da direita.

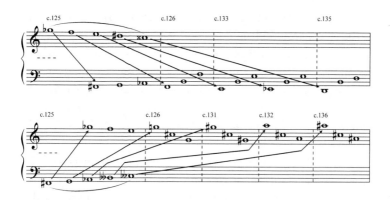

EXEMPLO 50 – Expansão motívica com interpolação de notas.

Essa passagem, mais uma vez, pode ser remetida a J. S. Bach, especialmente à sua *Invenção a duas vozes* em *fá* maior, na qual se encontra o mesmo procedimento, ocorrendo, no entanto, na mesma mão:

EXEMPLO 51 – J. S. Bach, *Inventio 8*, p.22, 1970.

Em termos formais, essa subseção tem uma posição ambígua. Do ponto de vista intervalar, pode ser considerada como uma reapresentação da textura harmônica que abre a peça: os trítonos em movimento contrário são uma transformação das 3ªˢ menores iniciais (o par *si* ♭/*sol*). Aliado a isso, a pesada registração sugere uma retomada de "fôlego", como se uma grande parte fosse começar, em um movimento métrico homogêneo. O que se tem, no entanto, é um rápido e intenso processo de continuidade de abertura de âmbito, o que a faz ser ouvida como finalização da terceira seção e início da próxima. O "mesmo que não é o mesmo" estaria reaparecendo pela quarta vez.

A última seção da peça (final do compasso 143) tem seu início marcado pela similaridade de movimentação intervalar já ouvida nas "aberturas" das seções precedentes, em especial na segunda: duas notas formam um trinado de 2ª maior, desta vez executado somente pela mão direita em registro de 4'. Aparecem, pela primeira vez, os ruídos da mecânica do instrumento, pelo fato de a mão esquerda estar praticamente ausente (notas sustentadas) e porque a região é muito aguda.

Após seis compassos de 2ª maior, aparece, no compassso 150, o intervalo de 3ª menor, remetendo o ouvido tanto à sonoridade inicial da peça quanto ao processo de ampliação do âmbito melódico. Sobre essa linha perfeitamente audível, a interferência da nota dó # prolongada (compasso 153), exatamente no centro da 3ª, anuncia o recomeço do procedimento de *brouillage*. A mão esquerda retoma sua movimentação sobre duas teclas pretas (*dó #/si* ♭, outra 3ª menor), superposta à direita e, novamente, o ouvido perde a audibilidade das notas e passa a perceber uma movimentação cerrada e amétrica. Incide muito fortemente sobre essa indiferenciação intervalar o registro superagudo: o registro de 4' resulta na oitava de número 6, onde não se ouve frequência, mas timbre.

A polimetria motívica, resultado da defasagem dos pontos de articulação dos motivos que se ampliam ou se retraem em número de notas e em tamanho, inicia-se no final do compasso 158. À maneira de um resumo, ou *coda*, essa seção contém, de forma bastante concisa, os processos anteriormente ouvidos.

Após uma pequena ampliação do âmbito e da densidade, seu encaminhamento em direção à redução, chegando à extinção (uníssono e silêncio), é a característica de sua direcionalidade. Esse estreitamento provoca, na maior parte do tempo, o preenchimento cromático do âmbito, enfatizando a textura densa de um *cluster* móvel.

É importante notar que a partir do compasso 169, quando o âmbito começa a ser reduzido, esse estreitamento se dá em direção à região aguda. A nota *fá* ♭, que aparece no compasso 163 como limite do registro da mão direita e permanece até o final, atrai, como em um processo de sucção, todas as outras notas para si.

Quadro 11 – Relação entre âmbito, número de notas e distribuição destas nas duas mãos

Compassos	Âmbito	Número total de notas	Nº de notas Mão direita/ mão esquerda
155 a 157	4ª justa	4	2/2
158 e 159	4ª justa	5	3/2
160 e 161	Trítono	6	3/3
162	Trítono	7	4/3
163 a 166	5ª justa	8	5/3
167	5ª justa	7	4/3
168	5ª justa	8	4/4
169 e 170	Trítono	7	4/3
171 e 172	Trítono	6	3/3
173 e 174	4ª justa	5	3/2
175 a 177	3ª maior	5	2/3
178 a 180	3ª menor	4	2/2
181	3ª menor	4	2/2
182 a 185	2ª maior	3	2/2
186 a 192	2ª menor	2	2/1
193 a 205	Uníssono	1	1

Nesse uníssono final, interrompido bruscamente conforme as indicações do compositor, as duas mãos juntas assumem o movimento que cada uma, em separado, realizou no início da peça.

Espera-se que a descrição das seções tenha deixado evidente o fato de que essa obra parte de uma ideia de transformação contínua que, após iniciada, se renova e se realimenta constantemente, sem no entanto diferenciar-se de si mesma.

Uma síntese das quatro seções permite que se visualize e se compreenda a unidade fundante dessa peça, percebida realmente como a realização auditiva de seu título. A polimetria motívica é uma constante, assim como os procedimentos de *brouillage*, que transformam a escrita nota contra nota em densos *clusters* móveis.

Quadro 12 – Síntese de alguns elementos unificadores das quatro seções

1ª Seção	2ª Seção	3ª Seção	4ª Seção
Início: 3ᵃˢ menores	Início: 2ᵃˢ maiores	Início: 5ᵃˢ justas	Início: 2ᵃˢ maiores/ 3ᵃˢ menores Final: 2ᵃˢ menores/ uníssono
Superposição das das regiões centrais	Superposição das regiões centrais	Separação das regiões grave e aguda	Superposição das regiões agudas
Registros: 8'	Registros: 8'	Registros: 4'+8'+16',	Registros: 4'
Expansão e contração	Expansão	Expansão	Expansão e contração

A apreensão dessa unidade deixará ao ouvinte uma dúvida, que se crê ser a proposta de Ligeti: (i) a obra é constituída por uma sucessão de pontos articulados, acompanhados pelo ruído audível do mecanismo do cravo e da madeira que reverbera; (ii) ou esses pontos, atingindo seu ponto crítico de fusão, se transformam em uma linha contínua, lembrando Kandinsky quando diz que a linha não é senão um ponto em movimento?

A partir dessa ideia, considera-se que a evocação da visibilidade, no momento da escuta do *Continuum*, circunscreve os seguintes aspectos:

Pontos: notas "acentuadas" (destacadas melódica e temporalmente);

Linhas retas, pontilhadas ou contínuas: repetições distanciadas ou sucessivas de uma mesma nota, respectivamente;

Linhas onduladas: padrões motívicos em graus conjuntos ascendentes e/ou descendentes, corroborados pelos movimentos ondulados realizados pelas mãos;

Volumes plásticos: agenciamento da quantidade de notas em cada mão, âmbito, superposição ou afastamento dos registros, superposição de camadas;

Opacidade ou transparência: regulagem dos graus de densidade horizontal e vertical, exploração da qualidade dos intervalos sucessivos e simultâneos;

Sensação de figura e fundo: articulação dos motivos (saltos *versus* graus conjuntos), realce de determinados intervalos ou agrupamentos de sons (escuta harmônica);

Nitidez ou embaçamento: motivos com uma grande quantidade de notas, principalmente cromáticas; coincidência de articulações ou polimetria motívica;

Elasticidade ou retração: aumentação ou diminuição do número de notas dos motivos;

Preenchimento do espaço: compactado (partes *brouillées*) ou vazado (separação dos registros);

Superfície (contorno, bordas): desenho de "linha melódica", sugerido pelas notas extremas, expansão e retração dos âmbitos melódicos;

Concavidade e convexidade simultânea: repetições das direções melódicas dos motivos, coincidentes ou defasadas;

Horizontalidade e verticalidade simultânea: elementos que são ouvidos tanto como melódicos quanto como harmônicos;

Expansão ou afunilamento da superfície: ampliação ou retração do âmbito até o trinado ou o uníssono.

As formas de comparecimento visual descritas não são as únicas possíveis, nem todas elas são evocadas sempre pelos mesmos elementos musicais. Não se pensou, também, em nenhuma hierarquia ou ordem de aparecimento, pois elas podem ora surgir ora desaparecer. A "contínua" frequentação da obra mostra o quão móveis e inconstantes são essas evocações. Aliada a essa mobilidade e instabilidade, há também uma reversibilidade e uma espécie de porosidade entre elas: muitas vezes, a sensação de transparência ou opacidade pode conter e estar contida na sensação de nitidez ou embaçamento, que, por sua vez, pode engendrar ou ter sido engendrada pela sensação de volume plástico, por exemplo.

Não se almejou fixar ou estabelecer uma relação de causa e efeito entre os elementos musicais e as evocações visuais. Tentou-se, apenas, aproximar-se daquele "corpo a corpo" com o fenômeno sonoro, tantas vezes mencionado por Ligeti, daquele momento em que matéria e ouvido se abrem reciprocamente, constituindo-se como unidade, e resultando em uma *escritura* da escuta.

Ainda como sugestão final, apresenta-se uma litogravura de Maurits Cornelius Escher (1898-1972), artista admirado por Ligeti e muitas vezes evocado por musicólogos e estudiosos da poética ligetiana, denominada *Encontro* (1944).

FIGURA 19 – M. C. Escher, *Encontro* (apud Ernst, 1991, p.29).

Considerações finais:
A poética da unidade dos sentidos

Uma das constatações a que se chegou é que, por maiores que tenham sido os esforços para separar e limitar cada linguagem artística a um território específico, fazendo-as corresponder a uma modalidade perceptiva também específica, as questões concernentes à multissensorialidade têm sido um aspecto recorrente na história da arte ocidental. No campo da música, as diferentes teorias e práticas levantadas revelam o quão frequente e importante tem sido esse debate na própria definição das linhas básicas dos questionamentos estético-musicais.

O apelo à presença da visão no momento da escuta musical pôde ser constatado a partir de diferentes poéticas: algumas mais de cunho cientificista; outras, mais intuitivas ou místicas; e ainda aquelas cujos criadores eram sinestésicos. Não importando sob qual forma de escritura ou estratégia musical a visibilidade tenha sido convidada a comparecer, o fato é que ela tem acompanhado as transformações tanto da linguagem musical quanto das concepções que o homem ocidental tem a respeito do que seja ver e ouvir.

A correspondência entre as vibrações das cores e dos sons, por exemplo, remete a uma concepção de natureza cujas relações solicitam o olho e o ouvido a testemunhar uma ordem superior – simbólica ou científica – em seus papéis de sentidos espirituais ou fisiológicos universais. Já a música descritiva ou a programática explicitam um mundo visual figurativo, apresentando um conceito de visão que analisa, organiza e sintetiza o mundo em representações objetivas e identificáveis. Contemporaneamente, constata-se que há poéticas, tais como a de Ligeti, que abarcam uma ideia de visibilidade que inclui o corpo todo-órgão, intrinsecamente ligada às sensações táteis e cinestésicas (de movimento).

A presença marcante dessa questão, orientando e mesmo definindo tantas práticas composicionais e interpretativas, permite que se conclua que, longe de ser uma interferência ou uma "muleta", a união da visão com a audição no momento da escuta tem sido um meio de presentificar uma forma de percepção cuja base está assentada sobre a comunicação entre os sentidos.

Há que se realçar, no entanto, que a comunicação entre os sentidos não se refere à associação, pois esse procedimento parte do já diferenciado – evento ou registro sensorial – para, depois, uni-los e fundi-los em uma síntese. Quando Kandinsky repudia a música programática descritiva, é essa ideia de associação que está sendo criticada: operar com dois mundos já de antemão identificados significa considerar que um deles vai se comportar ou como ilustração supérflua ou como vicariante, complementando, fazendo as vezes do outro, e mesmo substituindo-o em aspectos que seriam considerados deficientes. Por exemplo, a duração e o instantâneo, características da música e da pintura, respectivamente, seriam transportados de uma arte para outra, em uma espécie de adaptação que desfiguraria tanto uma quanto outra linguagem. Daí procede sua crítica à "imitação externa da natureza", apontando justamente o procedimento de associação que caracterizaria determinadas obras descritivas. O sentido dado aos termos "imitação externa" evidencia que tanto o fenômeno a ser imitado quanto aquele que incorporará essa imitação já estão constituídos, identificados e completos em suas formas de expressão. Por isso, Kandinsky procurou ouvir, no "interior" da música pura, suas possíveis formas de temporalidade, de reverberação e de sonoridade, não para transpô-las, mas para poder ouvir quais seriam aquelas *da* pintura. É interessante reparar que Hanslick, mesmo afirmando que só se pode tentar imitar o fenômeno exterior, de certa forma também se alinha a essa mesma crítica à associação, aceitando a possibilidade de uma comunicação entre os sentidos ou dos fenômenos entre si por meio de uma "analogia bem fundamentada". Para ele, essa "analogia bem fundamentada" significa uma união ou entre os atributos comuns observados nos fenômenos (movimento no espaço e movimento no tempo, por exemplo), ou entre as impressões acústicas e as visuais, concordando tanto com a doutrina das informações equivalentes quanto com a dos atributos sensoriais análogos, descritas por vertentes psicológicas anteriormente mencionadas. Embora este ainda não seja o sentido de comunicação entre os sentidos que se almeja circunscrever, pode-se considerar que, por sua visceral defesa da música pura, ele estivesse repudiando a estratégia da associação, pois ela traria para o domínio sonoro um mundo de sentimentos representados por formas visuais perfeitamente identificáveis, até mesmo com suas fontes referenciadas. Por isso, ele alerta para o perigo de a música perder sua autonomia: sufocada pela superposição de afetos em forma de imagens figurativas já elaboradas e aceitas, a atenção do ouvinte seria desviada para uma instância que, por não ter nascido junto com o sonoro por meio de uma "analogia bem fundamentada", desvirtuaria a escuta musical.

Outro aspecto importante pode ser levantado a partir das posturas de Kandinsky e de Hanslick. Se se concorda que a obra de arte tenha o poder de evocar[1] algo, significa que ela chama alguma coisa que não está imediatamente presente e evidente, e nesse sentido o já constituído não precisa ser evocado, pois ele já está e já é. Depen-

---

[1] Lembra-se, aqui, que o verbo evocar, do latim *evocare*, tem sua raiz na palavra *vox*, voz. Assim, evocar é chamar por meio da voz, convidar presencialmente o outro a comparecer também em presença.

dendo da situação, o já constituído pode, às vezes, impor-se sobre o que ainda não está constituído (e que talvez nunca esteja), conduzindo a fruição artística apenas para a dimensão do evidente, do já experimentado. Ora, ouvir e ver o que já está presente no mundo torna-se, em termos artísticos, excessivo, redundante e inútil.

Pode-se supor, então, que o que estava também sendo repudiado no procedimento associativo, talvez, fosse essa redundância de audibilidade e de visibilidade que o pensamento discursivo/figurativo pode conter. Se imitar musicalmente a natureza consistir em apenas trazer "pronto" o que deve ser visto, o já constituído, o já percebido, apresentando apenas o audível já ouvido, e o visível já visto, que poder evocativo e que valor artístico teria essa obra?

No âmbito estritamente musical, a ideia de lidar com elementos ou procedimentos que podem conter, potencialmente, um excesso de audibilidade, nasceu com o pensamento tonal e fez dele seu *habitat*. Não se quer dizer, com isso, que todas as músicas tonais sejam excessivamente audíveis, e que as não tonais não possam ser. No entanto, a própria concepção de audição que fundamenta esse idioma, a audição/discurso – teleológica, evolucionista, objetiva, localizacionista, direcional –, propicia o aparecimento de uma espécie de pregnância, de transbordamento da audibilidade. Para que o discurso tonal se realize, a obra tem de fornecer elementos que se diferenciem e se imponham sobre os demais, para que, ao serem percebidos (ouvidos), sejam considerados como *constituídos*, evidentes, pois eles são os condutores do fluxo sonoro. Como acompanhar as peripécias melódicas, rítmicas e harmônicas de um tema, se ele não se apresentar com um grau de audibilidade muito maior do que o dos outros elementos? Ao mesmo tempo, essa forma de audição solicita do ouvinte uma série de operações racionais e objetivas: discriminar, comparar, memorizar e sintetizar, entre outras. São ações perceptivas que lidam com o já diferenciado e identificado, com aquilo que não precisa mais ser chamado à presença, pois já se encontra constituído perceptivamente.

Como já se afirmou, não é por essa razão que toda música tonal sempre deva ser considerada excessivamente audível. Os grandes mestres já sabiam do perigo que isso representava e, por essa razão, os motivos de uma sequência ou progressão, nos episódios ou *divertimentos* de uma *Fuga*, por exemplo, como são extremamente pregnantes e salientes ("saltam aos ouvidos"), não podem ser repetidos mais de três vezes, correndo o risco de se tornarem desinteressantes, banalizando o discurso. São audíveis demais...

Por isso, se uma obra apresentar apenas o canto do cuco, por exemplo, sem nada evocar além dele, ela estará sendo inútil em termos artísticos porque estará associando, justamente, o que já era excessivo tanto no aspecto visual quanto no auditivo.

Nesse ponto, concorda-se tanto com Kandinsky quanto com Hanslick: uma poética, ou seja, um "programa de arte" (Pareyson, 1989), que vise à unidade dos sentidos não pode ser pensada nem por meio da associação nem por meio de uma estratégia que apresente o já visto e o já ouvido. Não se pergunta *o quê* do visível comparece no momento da escuta musical, mas *como* ele comparece, como ele pode ser evocado e sob quais formas ele pode ser pressentido.

Assim, não se defende a ideia de representar musicalmente um quadro ou de ouvir associando imagens, pois não é a uma visibilidade objetiva e manipulável que se refere, não é a substituição ou a complementação do audível pelo visível que se pretende. Da mesma forma, não se crê que a unidade de uma obra híbrida, uma ópera ou uma instalação, por exemplo, deva ser procurada apenas no grau de coesão entre seus diversos elementos constituintes (texto, música e cena, entre outros). A reivindicação da unidade perceptiva de uma obra não procede de dados objetivos, mas de sua expressividade sensível, de seu poder de evocar o que não está explicitamente presente, mas que tem presença sensível. Essa é a diferença entre associação e comunicação entre os sentidos.

Quando Merleau-Ponty afirma que "os sentidos se comunicam" e que "a música não está no espaço visível, mas ela o mina, o investe [e] o desloca" (1999, p.303), entende-se, por exemplo, que a sonoridade colorida de Kandinsky não está ligada a algum objeto que pode ser pintado de alguma cor – a sonoridade é essa cor, que foi evocada como potencialidade e como virtualidade. Estas atuam no interior de um sensível sem ter que se referenciar à identidade de um objeto, pois, de acordo com o filósofo, os sentidos evocados "compreendem-se uns aos outros sem precisar passar pela ideia" (1999, p.315), abrindo-se juntos sobre um mesmo mundo e instaurando-se como copertencentes um ao outro e ao mundo. Assim é que, fundamentando-se em Merleau-Ponty, Frayze-Pereira (1984, p.131) conclui que

> a unidade de uma coisa não é nem o produto associativo de seus diferentes aspectos, objetivamente sempre constatável e preexistente ao próprio ato de constatação, nem estranha a quem percebe. Ao contrário, as "propriedades" sensoriais de uma coisa constituem conjuntamente uma mesma coisa, como meu olhar, meu tato e todos os outros sentidos são conjuntamente os poderes de um mesmo corpo integrado em uma única ação.

Isso não significa que se deva pensar em uma homogeneização do sensível, hipoteticamente realizada por meio da neutralização dos registros sensoriais ou do abandono das especificidades das linguagens artísticas. Nem o sonoro é convertido em visível nem o visível é neutralizado, "desdiferenciado", para ser depois identificado em um audível ele mesmo destituído de sua especificidade. Ambos são evocados em sua completude, trazendo consigo suas particulares formas de comparecimento perceptivo, pois,

> interrogando as coisas à sua maneira, cada um dos órgãos dos sentidos realiza uma síntese própria: é a diversidade dos sentidos ... os sentidos são distintos uns dos outros, de tal modo que é possível a cada um deles trazer consigo "algo" que nunca exatamente é transponível. (Ibidem, p.121)

Assim, no lugar da associação ou da homogeneização, coloca-se a ideia de uma virtualidade – é como virtuais, como possíveis no mundo perceptivo que o sonoro e o visual se comunicam e se unem. Como virtuais, não devem ser forçados a se expressar em imagens ou sons concretos: a sonoridade de uma forma geométrica não é para ser tocada ou ouvida fisicamente, assim como as sugestões visuais de uma música não são para serem pintadas ou representadas. O visível chamado pelo sonoro e o audível evocado pela visão permanecem em estado latente – são o pressentido imanente ao sentido. O amarelo latente do timbre, por exemplo, não é visto, mas isso não significa que ele seja invisível. Ele é pré-visível, pré-visual, ainda não especificado, não objetivado, uma sonoridade colorida ainda indiferenciada, que comparece perceptivamente como ao mesmo tempo ambas as possibilidades: um timbre e uma cor.

Mais do que em qualquer outra realização humana, é na obra de arte que se consegue ter acesso a essa potencialidade perceptiva. O poder de uma experiência artística subverte e ultrapassa o real, reconduzindo a visão e a audição à sua capacidade de se fazer presente por meio da virtualidade, da latência, do pressentido. O que um artista torna perceptível não é o que já está percebido, é aquilo que, silenciosa e discretamente, habita a obra e a faz solicitar um mesmo e único movimento de abertura para o que não é imediatamente perceptível. Daí vem a unidade de uma obra e a unidade de sua fruição.

É por essa razão que, mesmo em um repertório enfaticamente descritivo e figurativo, pode-se transcender o evidente, o já constituído e, ultrapassando a associação, conseguir perceber tudo aquilo que o compositor, com certeza, também realizou em termos do que não está explícito, porém presente. Talvez se descubra que determinadas obras tenham se utilizado da associação e da máxima audiovisibilidade para propiciar ao ouvinte a exata oportunidade de capturar, perceptivamente, aquilo que só pode comparecer por meio da evocação.

Pode-se dizer, assim, que ouvir não significa apenas registrar o audível, mas aceder a um estado de escuta que permita perceber a presença do audível e do visível virtuais, ou seja, de um ser-imagem da música e de um ser-música da imagem.

O aparecimento desse ser-imagem da música tornou-se mais explícito a partir do final do século XIX, quando a linguagem musical, por meio de transformações estruturais, começou a apresentar ao ouvinte novas formas de escuta. Chamada por alguns musicólogos de "música de superfície rompida", esse repertório, que não se pautava mais pela ideia de construir identidades fixas, ou pontos de referência *a priori* constituídos e determinados em termos perceptivos, começou a "desnudar" tanto o fenômeno sonoro quanto as potencialidades receptivas do ouvinte, permitindo que a multissensorialidade da experiência auditiva aparecesse. Desvencilhando-se da ideia de agenciar elementos excessivamente audíveis, essa "nova" música que se desenvolveu no século XX passou a solicitar do ouvinte outras formas de relacionamento com o mundo sonoro. É como se houvesse sido removida a superfície encobridora (o que já está percebido), para deixar vir à tona o que já estava lá, em estado latente. Nesse confronto, justamente, descortinaram-se as potencialidades sinestésicas: texturas, densidades, corporeidade plástica e espacial, entre outras, tornaram-se características marcantes desse repertório.

As poéticas musicais, consciente ou inconscientemente, passaram então a tematizar a unidade perceptiva do ouvinte, pois o mundo sonoro, ao abrir-se em seu ser-totalidade, em suas virtualidades, evoca e abre, concomitantemente, o sensível em um corpo todo-órgão. Como escreveu Frayze-Pereira (1984, p.123):

> Dizia Cézanne que o aveludado, a dureza, a moleza e até mesmo o odor dos objetos podiam ser vistos. E não porque minha percepção seja uma soma dos dados visuais, tácteis, olfativos, nem tampouco a detecção de dados fisicamente já associados no ambiente (uma percepção de associações, portanto), mas porque percebo de uma maneira indivisa com meu ser total, apreendo uma estrutura única da coisa, uma única maneira de existir que fala ao mesmo tempo a todos os meus sentidos.

A opção de Ligeti pela palavra *Continuum*, para título de sua obra, permite sugerir que o compositor estaria evocando, também, um *continuum* perceptivo, no qual audição e visão estariam em permanente comunicação. Por isso, ela é uma obra que não imita o visível, ela torna possível o visível da música.

A ideia de uma música pura, destinada a uma audição descorporificada foi, historicamente, apenas uma expressão utilizada para que a linguagem musical pudesse se libertar dos procedimentos associativos. Por mais paradoxal que possa parecer, foi a partir desse ideal que as poéticas musicais puderam se encaminhar em direção ao desvelamento de todas as suas "impurezas" perceptivas.

Fica, para o ouvinte, a proposta de experimentar-se entre o audível e o visível que uma obra de arte pode oferecer.

Referências bibliográficas

Obras referenciadas

Livros/periódicos

ALBRIGHT, V. *Charles Ives:* uma revisita. São Paulo: Annablume, Fapesp, 1999.

ANTUNES, J. *A correspondência entre os sons e as cores*. Brasília: Thesaurus, 1982.

ARHEIM, R. *Intuição e intelecto na arte*. São Paulo: Martins Fontes, 1989.

BAYER, F. Atmosphères de Ligeti: continuité et statisme. *Analyse Musicale* (Paris: Société Française d'Analyse Musicale), n.15, p.18-24, avr. 1989.

BERNARD, J. W. Colour. In: HILL, P. (Ed.) *The Messiaen companion*. Portland: Amadeus, 1995.

BORIO, G. A colloquio com György Ligeti. *Musica/Realta (Milano)*, n.13, p.5-9, 1984.

BOSSUYT, I. *De Guillaume Dufay à Roland de Lassus* – Les très riches heures de la poliphonie franco-flamande. Paris: Cerf, Bruxelles: Racine, 1996.

CAZNÓK, Y. B. A audição da música nova: uma investigação histórica e fenomenológica. São Paulo, 1992. Dissertação (Mestrado) – Programa de Estudos Pós-Graduados em Psicologia da Educação. Pontifícia Universidade Católica de São Paulo.

COTTE, R. J. V. *Música e simbolismo*. São Paulo: Cultrix, 1990.

DABINI, L. S. *La musica descriptiva*. Buenos Aires: Angelicum, 1972.

DEBUSSY, C. *Monsieur Croche e outros ensaios sobre música*. Rio de Janeiro: Nova Fronteira, 1971.

DUFRENNE, M. *L'oeil et l'oreille*. Paris: Jean-Michel Place, 1991.

ERNST. B. *O espelho mágico de M. Escher*. Koln: Evergreen, 1991.

FERRAZ, S. Análise e percepção textural. *Cadernos de Estudo – Análise musical* (São Paulo: Atravez), n.3, p.68-79, 1990.

FRAYZE-PEREIRA, J. A. *A tentação do ambíguo*. São Paulo: Ática, 1984.

GAGNEPAIN, B. *Histoire de la musique au Moyen Âge*. Paris: Seuil, 1996.

GOTTWALD, C. Entretien avec György Ligeti. *In Harmoniques* (Paris: IRCAM, Christian Bourgois), n.3, p.221, 1987.

GRIFFITHS, P. *György Ligeti*. London: Robson, 1997.

GROUT, J. D., PALISCA, C. V. *Historia de la musica ocidental*. Madrid: Alianza, 1992. v.1.

HANSLICK, E. *Do belo musical*. Campinas: Editora da Unicamp, 1989.

HARVEY, J. *The Music of Stockhausen*. London, Faber & Faber, 1974.

KANDINSKY, W. *Do espiritual na arte*. São Paulo: Martins Fontes, 1996.

———. *Ponto e linha sobre plano*. São Paulo: Martins Fontes, 1997.

LAGARDE, A., MICHARD, L. *XIXe siècle*. Paris: Bordas, 1969.

LICHTENFELD, M. Conversation avec György Ligeti. *Contrechamps* (Lausanne: L'Âge d'Homme), n.3, p.49, sept. 1984.

LIGETI, G. Entretiens du Monde de la Musique. *Le Monde de la Musique* (Paris), n.32, p.70-3, mars 1981.

———. Pensamientos rapsódicos, desequilibrados, especialmente sobre mis proprias composiciones. In: *Publicación de homenaje*. Alicante/Madrid: Embajada de la República Federal de Alemania, 1996a. (Mimeogr.).

MARKS, L. E. *The Unity of the Senses*. New York: Academic Press, 1978.

MENEZES, F. *Atualidade estética da música eletroacústica*. São Paulo: Editora UNESP, 1998.

MERLEAU-PONTY, M. *Fenomenologia da percepção*. São Paulo: Martins Fontes, 1999.

MICHEL, P. *György Ligeti*. Paris: Minerve, 1995.
MICHELS, U. *Atlas de musica*. I. Madrid: Alianza, 1985.
PAREYSON, L. *Os problemas da estética*. São Paulo: Martins Fontes, 1989.
PEIGNOT, J. *Du calligramme*. Paris: Édition du Chêne, 1978.
RAMEAU, J. P. *Musique raisonnée*: textes choisis, presentés et commentés par Catherine Kintzler et Jean-Claude Malgoire. Paris: Stock + Plus, 1980. (Collection "Musique").
ROSEN, C. *A geração romântica*. São Paulo: Edusp, 2000.
SCHOLES, P. A. *The Oxford Companion to Music*. Oxford, New York: Oxford University Press, 1998.
SUBIRÁ, J. *Historia de la musica*. Barcelona: Salvat, 1958.
TOOP, R. L'illusion de la surface. *Contrechamps* (Lausanne: L'Âge d'Homme), n.12, p.61, 1990.
_____. *György Ligeti*. London: Phaidon, 1999.
VARÈSE, E. *Écrits*. Paris: Christian Bourgois, 1993.
WEID, J.-N. von der. Les entretiens du monde de *la musique*. *Le Monde de la Musique* (Paris), n.32, p.72, mars 1981.

Partituras/cds

BACH, J. S. *Capriccio sopra la lontananza del suo fratello diletissimo* BWV 992 (partitura) cravo. Munchen: Henle Verlag, 1996.
_____. *Das Wohltemperierte Klavier* BWV 864-869, v.I (partitura) cravo. Munchen: Henle Verlag, 1970.
_____. *Inventionen* BWV 772-786 (partitura) cravo. Munchen: Henle Verlag, 1970.
_____. *Johannes-Passion* BWV 245 (partitura) coro e orquestra. Leipzig: Bärenreiter, 1974.
_____. *Christ lag in todesbanden* BWV 4 (partitura) coro e orquestra. New York: Dover, 1976.
_____. *St. Matthew Passion* BWV 244 (partitura) coro e orquestra. New York: Dover, 1990.
BEETHOVEN, L. van. *Sonatas*, v.I (partitura) piano. London: Augener, s. d.
COUPERIN, F. *Pièces de clavecin*, troisième livre (partitura) cravo. Paris: Heugel, 1969.

DETONI, D. *Graphik IV* (partitura) instrumentos *ad libitum*. New York: Schott, 1972.

LIGETI, G. *Éjszaka /Night /Nacht* (partitura) coro. Mainz: Schott, s. d. (Mimeogr.).

_____. *Lux Aeterna* (partitura) coro. New York: Peters, 1966.

_____. *Volumina* (partitura) órgão. New York: Peters, 1967.

_____. *Continuum* (partitura) cravo. Mainz: Schott, 1968a.

_____. *Quarteto de cordas n. 2* (partitura) quarteto de cordas. Mainz: Schott, 1968b.

_____. *Zehn Stucke fur Blaserquintett* (partitura) quinteto de sopros. Mainz: Schott, 1968c.

_____. *Ramifications* (partitura) orquestra de cordas. Mainz: Schott, 1970.

_____. *Études pour piano – premier livre* (partitura) piano. Mainz: Schott, 1985.

_____. CD *György Ligeti Works for Piano*. Sony György Ligeti Edition, v.3, p.7-12, 1996b.

_____. CD *György Ligeti Chamber Music*. Sony György Ligeti Edition, v.7, p.7-20, 1998.

OLIVEIRA, W. C. de. *Passos da Paixão* (partitura) coro. Rio de Janeiro: MEC, Funarte, 1982.

SCHAFER, R. M. *Snow Forms* (partitura) coro. Toronto: Arcana, 1986.

_____. *Patria 1: Wolfman* (partitura) drama musical. Toronto: Berandol, s. d.

SCHOENBERG, A. *Five Orchestral Pieces*, opus 16 (partitura) orquestra. New York: Dover, 1998.

SCRIABIN, A. *Poem of Ectasy and Prometheus* (partitura) coro e orquestra. New York: Dover, 1995.

WEBERN, A. *Fuga (Ricercata) Nr. 2 aus dem "Musikalischer Opfer" von Joh. Seb. Bach* (partitura) orquestra. Wien: Universal, 1963.

Obras consultadas

ACKERMAN, D. *A Natural History of the Senses*. New York: Vintage, 1995.

ADORNO, T. W. *Zum Verhältnis von Malerei und Musik heute*. Gesammelte Schriften18. Frankfurt am Main: Suhrkamp, 1997.

ADORNO, T. W. *Die Musik zur "Glucklichen Hand"*. Gesammelte Schriften 18. Frankfurt am Main: Suhrkamp, 1997.

BACA-LOBERA, I. György Ligeti's Melodien, a work of transition. *Interface* (Gent/Haia), v.20, p.65-78, 1991.

BAYLE, F. *Musique acousmatique – propositions... positions*. Paris: INA-GRM Buchet/Chastel, 1993.

BERNARD, J. W. Voice Leading as a Spacial Function in the Music of Ligeti. *Musical Analysis* (Cambridge: Blackwell Publishers), v.13, n.2-3, p.227-53, July/Oct. 1994.

BONNEFOY, Y. Le surréalisme et la musique. *InHarmoniques* (Paris: IRCAM, Christian Bourgois), n.5, p.142-8, juin 1989.

BORIO, G. L'eredità bartókiana nel "Secondo Quarteto" di Ligeti. In: RESTAGNO, E. (Org.) *Ligeti*. Torino: Edizioni di Torino, 1985. p.149-66.

BOSSEUR, J.-Y. *Le sonore et le visuel*. Paris: Dis Voir, 1993.

_____. *Vocabulaire de la musique contemporaine*. Paris: Minerve, 1996.

_____. *Musique et arts plastiques – interactions au XXe siècle*. Paris: Minerve, 1998.

BOULIANE, D. Geronnene Zeit und Narration – György Ligeti im Gespräch. *Neue Zeitschrift fur Muzik* (Mainz), p.19-25, Mai 1988.

_____. Stilisierte Emotion – György Ligeti im Gespräch. *MusikTexte* (Koln), n.28/29, p.52-62, März 1989.

_____. Imaginäre Bewegund: György Ligetis "Études pour piano". *MusikTexte* (Koln) n.28/29, p.52-62, März 1989.

CARDINE, D. E. *Primeiro ano de canto gregoriano e semiologia gregoriana*. São Paulo: Attar, Palas Athena, 1989.

CAZNÓK, Y., NAFFAH NETO, A. *Ouvir Wagner. Ecos nietzschianos*. São Paulo: Musa, 2000.

CHAILLEY, J. *Histoire musicale du Moyen Age*. Paris: Quadrige, PUF, 1984.

COHEN-LEVINAS, D. Peinture et musique futuriste: l'absorption synergique. *InHarmoniques* (Paris: IRCAM, Christian Bourgois), n.5, p.109-16, juin 1989.

CONTRECHAMPS. *György Ligeti & György Kurtag*. Lausanne: L'Âge d'Homme, n.12, p.1-296, 1990.

CRITELLI, D. M. *Analítica do sentido – uma aproximação e interpretação do real de orientação fenomenológica*. São Paulo: Educ, Brasiliense, 1996.

DALHAUS, C. *The Idea of Absolute Music*. Chicago: The University of Chicago Press, 1989.

DENIZEAU, G. (Org.) *Le visuel et le sonore*. Paris: Honoré Champion, 1998.

DIBELIUS, U. *Ligeti*: Eine Monographie in Essays. Mainz: Schott, 1994.

DOATI, R. György Ligeti's Glissandi: an analysis. *Interface (Gent/Haia)*, v.20, p.79-87, 1991.

DUFOURT, H. Hauteur et timbre. *InHarmoniques* (Paris: IRCAM, Christian Bourgois), n.3, p.44-70, mars 1988.

FLOROS, C. Hommage à György Ligeti. *Neue Zeitschrift fur Muzik (Mainz)*, p.25-9, Mai 1988.

FONTERRADA, M. de O. T. *O lobo no labirinto*. Uma incursão à obra de Murray Schafer. São Paulo, 1996. t. 1 e 2. Tese (Doutorado em Antropologia) – Pontifícia Universidade Católica de São Paulo.

FORSYTH, M. *Architecture et musique*. L'architecture, le musicien et l'auditeur du 17e siècle à nos jours. Liège/Bruxelles: Pierre Mardaga, 1985.

FUBINI, E. *Les philosophes et la musique*. Paris: Honoré Champion, 1983.

_____. *La estética musical desde la Antiguedad hasta el siglo XX*. Madrid: Alianza, 1990.

_____. *Música y lenguaje en la estética contemporánea*. Madrid: Alianza, 1994.

GALLO, F. A. *Music of the Middle Ages II*. Cambridge: Cambridge University Press, 1985.

GIRDLESTONE, C. *Jean-Philippe Rameau – His Life and Work*. New York: Dover, 1969.

GRIFFITHS, P. *Enciclopédia da música do século XX*. São Paulo: Martins Fontes, 1995.

HABA, A. *Nuevo tratado de armonia*. Madrid: Real Musical, 1984.

HILL, P. (Ed.) *The Messiaen Companion*. Portland: Amadeus, 1995.

HOPPEN, C. Statische Musik – Zu Ligetis Befreiung der Musik vom Taktschlag durch präzise Notation. *MuzikTexte (Koln)*, n.28/29, p.68-72, März 1989.

JOURDAIN, R. *Música, cérebro e êxtase*. Rio de Janeiro: Objetiva, 1998.

JUNOT, P., WUHRMANN, S. (Org.) *De l'archet au pinceau*. Lausanne: Payot Lausanne, 1996.

KANDINSKY, W. *Olhar sobre o passado*. São Paulo: Martins Fontes, 1991.

KAUFMANN, H. Un caso de musica absurda: Aventures y nouvelles Aventures de Ligeti. *Opus (Quito)*, n.37, p.17-40, sep. 1989.

KELKEL, M. *Alexandre Scriabine*: sa vie, l'ésotérisme et le langage musical dans son oeuvre. Paris: Honoré Champion, 1984.

KINZLER, H. György Ligeti: decision and automatism in "Désordre", 1ère Étude, premier livre. *Interface (Gent/Haia)*, v.20, p.89-124, 1991.

KOELLREUTTER, H.-J. *Terminologia de uma nova estética da música*. Porto Alegre: Movimento, 1990.

LELEU, J.-L. Webern et Mondrian: notes sur la conjonction. *InHarmoniques* (Paris: IRCAM, Christian Bourgois), n.5, p.118-32, juin 1989.

LÉVI-STRAUSS, C. *Olhar, escutar, ler*. São Paulo: Companhia das Letras, 1997.

LIGETI, G. Metamorfosi della forma musicale (1960). In: RESTAGNO, E. (Org.). *Ligeti*. Torino: Edizioni di Torino, 1985. p.223-42.

_____. Mi posición como compositor actual (1985). *Pauta (México)*, n.36, p.31-2, nov. 1990.

LIPPMAN, E. *A History of Western Musical Aesthetics*. Nebraska: University of Nebraska Press, 1994.

MENEZES, F. (Org.) *Música eletroacústica* – história e estéticas. São Paulo: Edusp, 1996.

MEYER, L. B. *Emotion and Meaning in Music*. Chicago: The University of Chicago Press, 1956.

MICHELS, U. *Atlas de musica*, II. Madrid: Alianza, 1996.

MOE, O. H. Écouter par les yeux: quelques réflexions autour d'une exposition. *InHarmoniques* (Paris: IRCAM, Christian Bourgois), n.3, p.178-210, mars 1988.

MOTTE-HABER, H. La singularité sur le rapport entre la psychologie et l'esthétique. *InHarmoniques* (Paris: IRCAM, Christian Bourgois), n.3, p.168-76, mars 1988.

MUSZKAT, M., CORREIA, C. M. F., CAMPOS, S. M. Música e neurociências. Revista *Neurociências (São Paulo)*, n.8. p.70-5, 2000.

NICOLAS, F. et al. *Art, regard, écoute* – la perception à l'oeuvre. Saint-Denis: Presses Universitaires de Vincennes, 2000.

NORDWALL, O. *György Ligeti* – eine Monographie. Mainz: Schott, 1971.

OEHLSCHLÄGEL, R. "Ja, ich war ein utopischer Sozialist" – György Ligeti Im Gespräch. *MuzikTexte (Koln)*, n.28, p.85-104, März 1989.

PIENCIKOWSKY, R. Le Conncerto de chambre de Ligeti. *InHarmoniques* (Paris: IRCAM, Christian Bourgois), n.2, p.209-16, mai 1987.

REESE, G. *Music in the renaissance*. New York/London: W. W. Norton, 1959.

RUDEL. J. Correspondences, relations, mutations. *InHarmoniques* (Paris: IRCAM, Christian Bourgois), n.5, p.64-71, juin 1989.

SAABE, H. György Ligeti – Studien zur kompositorischen Phänomenologie. *Musik-Konzept* (Munchen: Text+kritik), n.53, Jan. 1987.

SABATIER, F. *Miroirs de la musique* v.I e II. Paris: Fayard, 1998.

SCHAEFFER, P. *Traité des objets musicaux*. Paris: Seuil, 1966.

SCHAFER, M. *O ouvido pensante*. São Paulo: Editora UNESP, 1991.

SCHLOEZER, B. *Scriabin, artist and mystic*. Trad. Nicolas Slonimsky. Berkeley: University of California Press, 1987.

SHIMABUCO, L. S. *A forma como resultante do processo composicional de György Ligeti no primeiro livro de Estudo para Piano*. Campinas, 2005. Tese (Doutorado em Música) – Instituto de Artes da Unicamp.

SOURIAU, E. *A correspondência das artes*. São Paulo: Cultrix, USP, 1982.

STEINITZ, R. *György Ligeti*: Music of Imagination. Boston: Northeastern University Press, 2003.

TAYLOR, S. A. Chopin, Pygmies and Tempo Fugue: Ligeti's Automne à Varsovie. Music Theory Online 3.3, 1997. Disponível em <http://www.society musictheory.org/mto/issues/mto.97.3.3.taylor.html.> Acesso em nov. 2000.

TOMÁS, L. *O poema do fogo*: mito e música em Scriabin. São Paulo: Annablume, 1993.

Obras de György Ligeti

Artigos

LIGETI, G. Metamorfosi della forma musicale (1960). In: RESTAGNO, E. (Org.) *Ligeti*. Torino: Edizioni di Torino, 1985. p.223-42.

_____. Mi posición como compositor actual (1985). *Pauta (México)*, n.36, p.31-2, nov. 1990.

LIGETI, G. Pensamientos rapsódicos, desequilibrados, especialmente sobre mis proprias composiciones. In: *Publicación de homenaje*. Alicante/Madrid: Embajada de la República Federal de Alemania, 1996a. (Mimeogr.).

_____. *A Cappella Choral Works* (encarte de CD) Sony György Ligeti Edition, v.2, p.9-14, 1996.

_____. *Works for Piano* (encarte de CD) Sony György Ligeti Edition, v.3, p.11-2, 1996b.

_____. *Keyboards Works* (encarte de CD) Sony György Ligeti Edition, v.6, p.7-20, 1996.

_____. *Chamber Music* (encarte de CD) Sony György Ligeti Edition, v.7, p.7-20, 1998.

_____. *Le Grand Macabre* (encarte de CD) Sony György Ligeti Edition, v.8, p.9-23, 1999.

Partituras

LIGETI, G. *Éjszaka /Night /Nacht* (partitura) coro. Mainz: Schott, s. d. (Mimeogr.).

_____. *Lux Aeterna* (partitura) coro. New York: Peters, 1966.

_____. *Volumina* (partitura) órgão. New York: Peters, 1967.

_____. *Continuum* (partitura) cravo. Mainz: Schott, 1968a.

_____. *Quarteto de cordas n.2* (partitura) quarteto de cordas. Mainz: Schott, 1968b.

_____. *Zehn Stucke fur Blaserquintett* (partitura) quinteto de sopros. Mainz: Schott, 1968c.

_____. *Artikulation* (audiopartitura realizada por Rainer Wehinger) música eletrônica. Mainz: Schott, 1970.

_____. *Ramifications* (partitura) orquestra de cordas. Mainz: Schott, 1970.

_____. *Melodien* (partitura) orquestra. Mainz: Schott, 1971.

_____. *Kammerkonzert* (partitura) orquestra. Mainz: Schott, 1974.

_____. *Monument – Selbsportrait – Bewegung* (partitura) dois pianos. Mainz: Schott, 1976.

_____. *Hungarian Rock* (partitura) cravo. Mainz: Schott, 1979.

_____. *Passacaglia Hungherese* (partitura) cravo. Mainz: Schott, 1979.

LIGETI, G. *Études pour piano – premier livre* (partitura) piano. Mainz: Schott, 1985.

_____. *Études pour piano – deuxième livre* (partitura) piano. Mainz: Schott, 1998.

Obras de referência

CONTEMPORARY COMPOSERS. MORTON, B., COLLINS, P. (Ed.) Chicago/London: St. James Press, 1992.

DICIONÁRIO GROVE DE MÚSICA. Edição concisa. SADIE, S. (Ed.) Rio de Janeiro: Jorge Zahar, 1994.

THE NEW GROVE Dictionary of Music and Musicians. SADIE, S. London: Macmillan, 2000. 29v.

UNIVERSIDADE ESTADUAL PAULISTA. Coordenadoria Geral de Bibliotecas, Editora UNESP. *Normas para publicações da UNESP*. São Paulo: Editora UNESP, 1994. 4v.

SOBRE O LIVRO

Formato: 14 x 21 cm
Mancha: 23 x 39 paicas
Tipologia: Iowan Old Style 9,5/13,5
Papel: Offset 75 g/m² (miolo)
Cartão Supremo 250 g/m² (capa)
3ª edição: 2015

EQUIPE DE REALIZAÇÃO

Capa
Isabel Carballo

Editoração Eletrônica
Estela Mleetchol (Diagramação)

Atualização ortográfica
Cristiane Yagasaki/Tikinet